The British Museum

# DEUSAS

**DRA. JANINA RAMIREZ** ♦ **SARAH WALSH**

TRADUÇÃO **Raquel Nakasone**

Para Dan, Kuba e Kama…
E especialmente para a deusa original da inspiração – minha mãe, Danusia.

**J. R.**

Para todos os seres mágicos e únicos da minha vida. Vocês trazem força,
alegria, amor, compreensão e encantamento ao meu mundo apenas
por serem vocês mesmos. E sou eternamente grata por isso.

**S. W.**

TÍTULO ORIGINAL *Goddess: 50 goddesses, spirits, saints and other female figures who have shaped belief*
Publicado em colaboração com o British Museum.
Texto © Dr Janina Ramirez 2022
Ilustrações © Sarah Walsh 2022
Todas as páginas © The Trustees of the British Museum 2022
(Exceto páginas 12, 25, 29, 33, 42, 47, 54, 80, 91, 93, 105, 107 – veja os créditos na página 112)
The right of Janina Ramirez to be identified as the author and Sarah Walsh to be identified as the illustrator of this work has been asserted. All rights reserved.
© 2023 VR Editora S.A.

DIRETOR EDITORIAL  Marco Garcia
EDIÇÃO  Fabrício Valério
REVISÃO  Marina Constatino
DIAGRAMAÇÃO E ADAPTAÇÃO DE CAPA  Pamella Destefi

**Dados Internacionais de Catalogação na Publicação (CIP)**
**(Câmara Brasileira do Livro, SP, Brasil)**

Ramirez, Janina
Deusas: 50 deusas, divindades, santas e outras figuras femininas que moldaram crenças ao longo do tempo / Janina Ramirez; ilustração Sarah Walsh; tradução Raquel Nakasone. – 1. ed. – Cotia, SP: VR Editora, 2023.

Título original: Goddess: 50 goddesses, spirits, saints and other female figures who have shaped belief.
ISBN 978-85-507-0397-8

1. Deusas - Literatura infantojuvenil 2. Divindades – Literatura infantojuvenil 3. Mitologia – Literatura infantojuvenil 4. Santas – Literatura infantojuvenil I. Walsh, Sarah. II. Título.

23-144366                                          CDD-028.5

**Índices para catálogo sistemático:**
1. Literatura infantojuvenil  028.5
2. Literatura juvenil  028.5
Aline Graziele Benitez – Bibliotecária – CRB-1/3129

Todos os direitos desta edição reservados à
**VR EDITORA S.A.**
Via das Magnólias, 327 – Sala 01 | Jardim Colibri
CEP 06713-270 | Cotia | SP
Tel.| Fax: (+55 11) 4702-9148
vreditoras.com.br | editoras@vreditoras.com.br

**DRA. JANINA RAMIREZ**
Janina Ramirez escreveu muitos livros para adultos e para crianças. Amante de narrativas, descobriu que a melhor inspiração vem de observar as histórias, pessoas e ideias que iluminaram humanos centenas e milhares de anos atrás. Janina também apresenta documentários na TV e no rádio, o que a permite viajar o mundo. Mas ela é mais feliz em casa com sua família, quatro gatos, três galinhas e dois hamsters.

**SARAH WALSH**
Sarah Walsh cresceu no norte do estado de Nova York. Quando criança, era fascinada por bichos. Tanto que queria ser um deles e vestia várias fantasias de animais. Ela tinha certeza que seria uma artista algum dia… caso se esforçasse bastante! Agora Sarah é uma ilustradora publicada internacionalmente e vive com sua família em Kansas City, EUA.

1ª edição, ago. 2023
FONTE  PhotoWall Sans Bold 52/62,4pt
Darwin Black 16/19,2pt
Queulat Regular 10,2/14,5pt
Impresso na China • Printed in China
LOTE  NCW090223

The British Museum

# DEUSAS

## 50 DEUSAS, DIVINDADES, SANTAS E OUTRAS FIGURAS FEMININAS QUE MOLDARAM CRENÇAS AO LONGO DO TEMPO

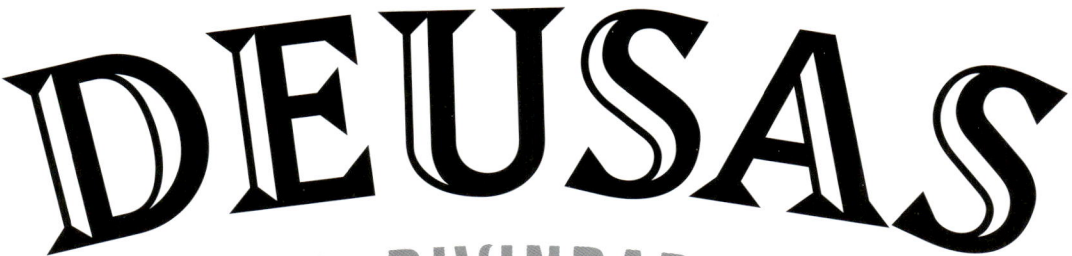

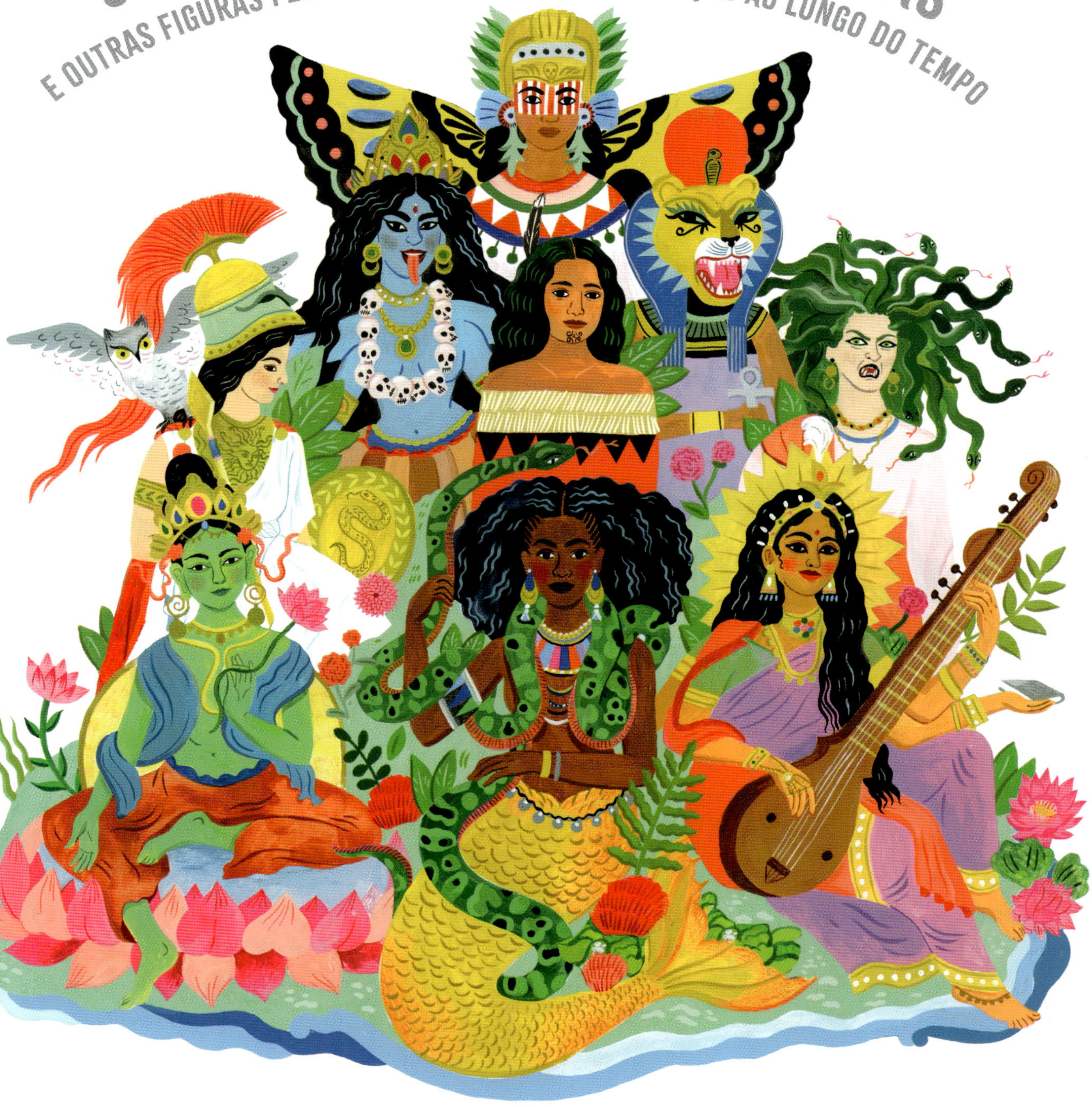

DRA. JANINA RAMIREZ ♦ SARAH WALSH

VR EDITORA

# SUMÁRIO

Introdução — 6-7

## REINANDO E GUIANDO

**Inana** Deusa mesopotâmica do amor e da guerra — 8-9
**Atena** Deusa da sabedoria e guardiã da Grécia — 10-11
**Mami Wata** Divindade da água africana e portadora de riquezas — 12-13
**Nut** Antiga deusa egípcia do céu — 14-15
**Juno** Deusa mãe de Roma e protetora das mulheres — 16-17
**Ezili Dantò** Deusa vodu haitiana da vingança e da maternidade — 18-19
**Rhiannon** Rainha galesa dos cavalos e da coragem — 20-21
**Xiwangmu** Deusa tao da vida, morte, criação e destruição da China — 22-23
**Baba Yaga** Vilã e protetora, a bruxa má do folclore russo — 24-25
**Durga** Deusa hindu do poder supremo, da proteção e da força — 26-27

## VIDA NOVA

**Vênus** Deusa romana do amor, da beleza e da vitória — 28-29
**Chalchiuhtlique** Deusa asteca da água fresca — 30-31
**Brígida** Deusa celta dos elementos, da cura e da poesia — 32-33
**Pattini** Deusa da pureza do Sri Lanka e defensora da justiça — 34-35
**Ariadne** Deusa cretense dos labirintos — 36-37
**Asase Yaa** Deusa da terra da África Ocidental — 38-39
**Gaia** Mãe-Terra de toda a vida da Grécia — 40-41
**Eva** Primeira mulher feita por Deus — 42-43
**Mawu** Criadora do Sol, da Lua e da vida da África Ocidental — 44-45
**Mokosh** Mãe da terra, deusa eslava da fiação e do destino — 46-47

## GUERRA E MORTE

**Lilith** Demônia judia e monstro da noite — 48-49
**Sekhmet** Leoa egípcia e portadora da destruição — 50-51
**Diana** Deusa romana da lua, da caça e dos animais selvagens — 52-53
**Freya** Deusa nórdica do amor, da guerra e da magia — 54-55
**Izanami** Deusa japonesa da morte e da vida nova — 56-57
**Anat** Deusa da guerra e da paz do Oriente Médio — 58-59

| | | |
|---|---|---|
| **Hel** | Guardiã nórdica do Mundo Inferior | 60-61 |
| **Rangda** | Rainha dos demônios e viúva-bruxa balinesa | 62-63 |
| **Medusa** | Demônio de cabelo de cobra e olhos mortais | 64-65 |
| **Kali** | Deusa hindu do tempo, da criação e da destruição | 66-67 |

## AMOR E SABEDORIA

| | | |
|---|---|---|
| **Maria** | A mulher mais importante do cristianismo e do islamismo | 68-69 |
| **Kuan Yin** | Deusa budista da bondade e da misericórdia | 70-71 |
| **Ísis** | Antiga mãe e maga egípcia, a mais sábia das mulheres | 72-73 |
| **Hécate** | Antiga deusa grega da proteção e do mundo espiritual | 74-75 |
| **Sarasvati** | Deusa hindu do aprendizado e das artes | 76-77 |
| **Tara** | Mãe budista da compaixão e da sabedoria | 78-79 |
| **Chang'e** | Deusa chinesa da lua | 80-81 |
| **Pte San Win** | Profeta sagrada dos Lakota | 82-83 |
| **Lakshmi** | Deusa hindu da abundância e da riqueza | 84-85 |
| **Popa Medaw** | Ogra devoradora de flores birmanesa | 86-87 |

## ANIMAIS E NATUREZA

| | | |
|---|---|---|
| **Sedna** | Mãe inuíte do mar e de todas as suas criaturas | 88-89 |
| **Itzpapalotl** | Guerreira-esqueleto asteca e deusa-borboleta | 90-91 |
| **Badb Catha** | Deusa da guerra irlandesa e corvo de batalha | 92-93 |
| **Oxum** | Espírito do rio do povo iorubá | 94-95 |
| **Pele** | Deusa havaiana dos vulcões, do fogo e da lava | 96-97 |
| **Mulher-Aranha** | Criadora indígena de curas e bons conselhos | 98-99 |
| **Tiamat** | Dragoa do mar babilônico e deusa da água salgada | 100-101 |
| **Amaterasu** | Deusa japonesa do sol e mãe dos imperadores | 102-103 |
| **Papatuanuku** | Deusa maori da terra | 104-105 |
| **Mazu** | Deusa chinesa do mar | 106-107 |

| | |
|---|---|
| **Glossário** | 108-109 |
| **Índice remissivo** | 110-111 |
| **Agradecimentos** | 112 |

# INTRODUÇÃO

"Ouça sua deusa interior."
"Você parece uma deusa nesse vestido!"
"Beyoncé é uma deusa completa."

Usamos muito a palavra "deusa", principalmente quando queremos elogiar a beleza de uma mulher, sua força de caráter ou sua individualidade. Ao contrário do que era antes, a palavra hoje não está necessariamente ligada a alguma crença ou espiritualidade. Em geral, essas deusas refletem características humanas comuns – algumas são lindas, muitas são fortes e todas são únicas. Mas o mais importante é que elas não são apenas deste mundo – elas existem como seres quase atemporais. Vêm encantando e empoderando pessoas ao longo do tempo e do espaço, e suas histórias conversam com as necessidades, os desejos, os medos e as esperanças de todas nós.

Algumas das figuras deste livro na verdade não são consideradas deusas pelos povos que as celebram. Mami Wata é um espírito, Maria é uma santa, Rangda é um demônio, Baba Yaga é uma bruxa e Pele é uma montanha. É importante entender as diferenças entre essas figuras e os povos que as cultuam, pois elas revelam as mais variadas visões de indivíduos, comunidades e culturas. É impossível incluir aqui todos os sistemas de crenças do mundo, pois há um número impressionante de mulheres inspiradoras levando esperança e ajudando pessoas em todo o globo.

Ler sobre essas figuras não vai apenas abrir seus olhos para as histórias fascinantes, envolventes, excitantes e intrigantes que os seres humanos têm passado adiante há centenas e até milhares de anos. Também vai lhe mostrar o mundo em toda a sua complexidade e beleza. Com Popa Medaw, você vai poder viajar até as montanhas perfumadas de Mianmar (também conhecido como Birmânia). Durga vai levá-la para as margens movimentadas dos rios indianos durante os inebriantes festivais realizados lá, enquanto Itzpapalotl vai transportá-la para os templos astecas e para as densas selvas da Mesoamérica.

Você pode pensar que uma deusa precisa ser bonita, perfeita e pura. Mas aquela imagem clássica da mulher "perfeita" parcialmente vestida, tão comum nas esculturas antigas gregas e romanas, simplesmente não tem sentido fora das culturas europeias. E as deusas deste livro são muito mais que isso. Algumas são criadoras, gerando vida e representando o amor de uma mãe por seus filhos. Outras são líderes, cheias de sabedoria e conhecimento, guiando e protegendo reis e rainhas enquanto eles comandam a terra. Algumas são apavorantes com sua força sanguinolenta, capazes de dominar o campo de batalha e destruir seus inimigos. Outras são mágicas e místicas, figuras misteriosas que podem controlar o tempo, mudar o futuro e tecer o destino. Cada uma pode inspirá-la de maneiras distintas.

Talvez exista uma "deusa" dentro de todas nós, porque suas histórias refletem os muitos aspectos do que significa estar viva. Essas figuras femininas nos mostram que também temos a habilidade de sermos inspiradoras e poderosas. Às vezes, podemos ser fortes; outras vezes, pacíficas; outras ainda, amorosas ou vingativas. Pensando nessas características básicas, vemos que as mulheres do passado não eram tão diferentes de nós, e entendê-las pode nos ajudar a nos entender melhor.

Qual dessas figuras inspiradoras toca você e por quê? Mantenha essa pergunta em mente enquanto viaja pelo planeta por meio dessas histórias extraordinárias. No mundo de hoje, não há uma definição única para feminilidade, beleza e o papel da mulher. Aqui, as noções de masculino e feminino são fluidas, de modo que as figuras estão sempre se transformando e se transmutando, refletindo aspectos de nós mesmas. Elas não são perfeitas, mas são fascinantes. Não são unidimensionais, mas complexas.

**As deusas, divindades, santas e outras figuras femininas deste livro vêm moldando crenças há milênios, e suas histórias merecem ser contadas.**

# INANA
Deusa mesopotâmica do amor e da guerra

## RAINHA DAS CONTRADIÇÕES

Inana era uma das maiores deusas da antiga Mesopotâmia. Ela era aterrorizante, confiante, gloriosa e instável. Sendo a deusa do amor e da guerra, do caos da natureza e do poder dos governantes, era imprevisível. Se decidisse amar e proteger você, você experimentaria a alegria e a paixão. Mas, se não gostasse de você, ela poderia destruí-la completamente. Inana também é conhecida como Ishtar – dois nomes para a mesma deusa. Inana era usado na Suméria, enquanto Ishtar era utilizado na Assíria e na Babilônia, antigas civilizações que existiram onde hoje estão o Iraque, o Irã e a Turquia por volta de 3500-1500 a.C.

Um dos mitos mais famosos sobre Inana mostra como seu humor mudava facilmente. A história do Touro do Céu começa com a deusa tentando seduzir o corajoso herói Gilgamesh. Mas ele não se deixou encantar, e sua rejeição provocou a fúria de Inana. Então, ela pediu a seu pai, Anu, o deus do céu, que a ajudasse em sua vingança.

Ela queria usar o perigoso touro dele para atacar Gilgamesh, e disse que se ele não a deixasse fazer isso, ela faria os portões do Mundo Inferior em pedacinhos, libertando os mortos para que eles se alimentassem dos vivos. Anu alertou que soltar a besta traria sete anos de fome para o povo, mas Inana insistiu ferozmente, afirmando que tinha comida suficiente para todos. Ela não desistiu até que ele fez sua vontade.

*Imagem de Inana moldada em argila, Iraque, 2000-1750 a.C.*

Anu relutantemente cedeu e soltou o terrível touro nas pessoas. A fera destruiu tudo o que havia no caminho, matando cem homens apenas com seu hálito enfurecido. Os heróis Gilgamesh e Enkidu lutaram para destruí-lo – um segurou a criatura pelo rabo, o outro enfiou uma espada em sua garganta. Eles finalmente conseguiram matar o touro e resolver a situação, mas os deuses decidiram que um dos jovens deveria morrer – era o castigo por terem assassinado a besta mítica. Enkidu foi o escolhido, deixando Gilgamesh de luto por seu amigo pelo resto da vida. Assim, por meio do sofrimento de Gilgamesh, Inana enfim conseguiu sua vingança.

**Reinando e guiando**

## OS PORTÕES DO INFERNO

Ao ver Inana chegar ao Mundo Inferior trajada com seu belo vestido de Rainha do Céu, Ereshkigal, a Rainha dos Mortos, ficou tão furiosa que mandou que todos os sete portões fossem trancados. Inana teve de retirar uma peça de seus trajes reais ao passar por cada um deles. Quando finalmente chegou à corte de sua irmã, estava humilhada, nua e impotente. Ereshkigal, então, matou Inana e pendurou seu corpo no alto para que todos a vissem.

Mas, antes de ir visitar a irmã, Inana havia elaborado um ardiloso plano de fuga. Ela tinha pedido que um servo leal buscasse a ajuda de seu pai, que mandou seus próprios servos para salvá-la. A tarefa não foi fácil. Ereshkigal exigiu que Inana encontrasse outra pessoa para assumir seu lugar no Mundo Inferior. Quando voltou ao mundo dos vivos, Inana descobriu que as pessoas pensavam que ela tinha morrido. Todos estavam tristes, menos um homem – seu próprio marido, Dumuzi, o deus dos pastores. Em vez de estar de luto, ela o pegou sentado em um grande trono, vestido com suas melhores roupas. Em mais um acesso de raiva, ela o jogou no Mundo Inferior, transformando-o em uma cobra. E então ficou livre para voltar como a Rainha do Céu.

## MOLDANDO CRENÇAS

Ficamos sabendo da existência de Inana por meio dos mitos que sobreviveram em tábuas de argila – alguns dos escritos mais antigos já descobertos. Ela é a deusa da chuva, das tempestades e do planeta Vênus, e geralmente é retratada como uma jovem e bela mulher montada em um leão a caminho da batalha. Ela é independente, poderosa, obstinada e determinada, uma mulher com vontade de ferro que faz o que gosta. É também cheia de contradições: às vezes é gentil, às vezes vingativa, cruel e egoísta.

*Tábua de argila, Iraque, 883-859 a.C.*

# ATENA
### Deusa da sabedoria e guardiã da Grécia

## UM NASCIMENTO BIZARRO

Atena era a deusa grega da sabedoria, da guerra e da tecelagem. Era também a protetora da antiga cidade nomeada em sua homenagem, Atenas. Costuma ser retratada com armadura completa e carregando armas, junto com seus símbolos sagrados – a sábia coruja e a cobra de olhos afiados.

Seu pai, Zeus, era o rei dos deuses. Mas a mãe de Atena, Métis, também era poderosa e inteligente, e certa vez foi descrita como "mais sábia que todos os deuses e homens mortais". Zeus ouviu um rumor preocupante que dizia que todos os filhos que tivesse com Métis, sua primeira esposa, seriam incrivelmente sábios, mas desafiariam seu grande poder.

Para se livrar desse perigo, Zeus simplesmente engoliu a esposa grávida. E não pensou mais em Métis, até que algum tempo depois começou a sentir as mais terríveis dores de cabeça.

Sem conseguir mais suportar tal sofrimento, ordenou que Hefesto, o deus dos ferreiros, abrisse sua cabeça com um machado. Então, Atena saiu de seu crânio – totalmente crescida, de armadura e pronta para a batalha.

## MULHER GUERREIRA

Atena adorava ajudar os heróis, e uma de suas histórias mais famosas conta que ela ajudou Hércules, seu meio-irmão, em seus doze trabalhos. Hércules enlouqueceu por conta da esposa de Zeus, Hera. Um dia, se sentindo muito confuso e furioso, matou a própria esposa e os filhos. Devastado pela culpa, implorou perdão ao sábio oráculo de Delfos. Como punição, ele lhe mandou servir o rei Euristeu por doze anos e completar todas as tarefas desafiadoras que ele lhe desse.

Os trabalhos eram tão difíceis que pareciam quase impossíveis. Hércules teve de matar feras assustadoras, como o Leão de Nemeia e o Touro de Creta. Mas seguiu adiante corajosamente, e Atena o ajudava sempre que podia. Quando foi instruído a derrotar um monstruoso bando de pássaros comedores de homens, Atena lhe deu um chocalho sagrado. O barulho assustou os pássaros em pleno voo e o herói conseguiu derrubá-los com flechadas. Depois, ele teve de capturar o temível cão de três cabeças Cérbero, guardião do Mundo Inferior. Mais uma vez, Atena veio em seu socorro. Ela lhe entregou uns bolos de mel e, quando Hércules os ofereceu para o cachorro, ele caiu no sono no mesmo instante e foi capturado facilmente.

Em outra história, a destemida Atena participou de uma competição com o deus do mar, Poseidon. Cada um tinha de dar à cidade de Atenas o melhor presente que pudesse, e o rei Cécrope escolheria o vencedor. Poseidon enfiou o tridente no chão e fez a água brotar, oferecendo aos atenienses acesso ao mar e ao comércio. Só que essa água era salgada demais para ser bebida. O presente de Atena foi a primeira oliveira da Grécia. A árvore era capaz de fornecer madeira, azeite e comida. O rei Cécrope então decidiu que esse era o melhor presente, e Atena foi declarada a deusa guardiã da cidade. Ela às vezes é retratada com uma oliveira, seu precioso presente para o povo grego e símbolo de paz.

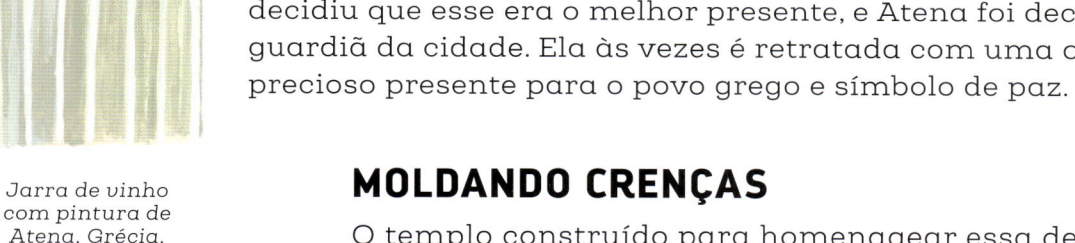

*Jarra de vinho com pintura de Atena, Grécia, 470-460 a.C.*

## MOLDANDO CRENÇAS

O templo construído para homenagear essa deusa no topo da Acrópole de Atenas é um lembrete de sua influência. As esculturas do Partenon são alguns dos tesouros mais famosos do mundo antigo e acredita-se que mostram como a deusa era adorada. Originalmente, havia uma enorme estátua feita de ouro e marfim dentro do templo e as sacerdotisas que cuidavam dela estavam entre as pessoas mais importantes da cidade.

Todos os anos, os atenienses prestavam homenagens a sua corajosa deusa com jogos e procissões. A estátua sagrada recebia um vestido novo chamado *peplos*, que o povo da cidade passava meses tecendo com devoção. Atualmente, Atena permanece sendo uma deusa inspiradora. Ela possuía uma sabedoria tranquila, mas também era uma guerreira implacável. Podia ser uma inimiga poderosa, e uma amiga ainda mais corajosa e criativa.

**Reinando e guiando**

# MAMI WATA

Divindade da água africana e portadora de riquezas

## CAMALEOA

Mami Wata é uma divindade da água, cujas raízes na África Ocidental podem remontar a muitas centenas ou mesmo milhares de anos. Hoje em dia, ela é cultuada em todo o continente africano e em comunidades africanas do mundo todo. Ao longo dos últimos séculos, suas histórias se misturaram a lendas europeias de sereias, pois, assim como essas criaturas, ela fica mais à vontade no mar.

Então, como é sua aparência? Bem, na verdade, ela não tem uma forma única, cada vez surge de um jeito diferente. Ela é uma força espiritual que pertence à água, e sua figura em geral é meio humana, meio peixe, mas ela também pode se transformar por força da magia – às vezes, se mostra totalmente humana; outras vezes, se transforma em um homem.

Como mulher, é deslumbrante e linda, com olhos grandes e brilhantes, e cabelos compridos e esvoaçantes. Sua beleza atrai tanto homens quanto mulheres, e tudo o que ela mais quer é a absoluta devoção. Se a seguir uma vez, você pode ficar preso a ela para sempre.

Há uma história que conta como Mami Wata pega as pessoas no mar e as leva para o paraíso – seja debaixo d'água, seja no reino dos espíritos. Ali, exige que elas permaneçam fiéis e não cultuem nenhuma outra divindade. Se ela permitir que voltem para o mundo humano, elas devem continuar a venerá-la – e somente a ela. Assim, se tornarão mais atraentes, mais ricas e saudáveis que antes. No entanto, se ousarem traí-la, vão adoecer e morrer. Seu humor muda rapidamente – de generosa, criativa e gentil, ela pode se tornar cruel e ciumenta.

## OS ESPELHOS

Mami Wata se transforma de acordo com as necessidades daqueles à sua volta. Ela traz coisas diferentes para pessoas diferentes, e suas histórias são tão variadas quanto as pessoas que a cultuam. Se quiser um filho, ela pode ajudar. Se quiser ouro, conte com ela. Se quiser ser adorado, ela estará ao seu lado – se você a venerar, claro.

Seu símbolo mais importante é o espelho. Através da superfície reluzente desse objeto, as divindades da água e aqueles que as cultuam podem se conectar diretamente e viajar entre reinos e tempos. Os espelhos são um ponto de encontro entre água e terra, passado e futuro, o mundo acima do oceano e o mundo abaixo dele – o mundo de Mami Wata.

*Escultura de madeira de Mami Wata*

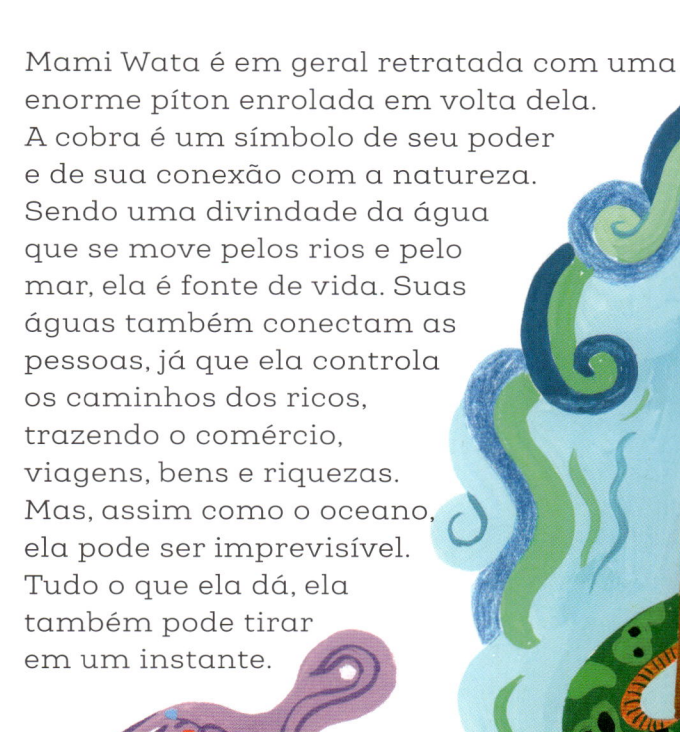

Mami Wata é em geral retratada com uma enorme píton enrolada em volta dela. A cobra é um símbolo de seu poder e de sua conexão com a natureza. Sendo uma divindade da água que se move pelos rios e pelo mar, ela é fonte de vida. Suas águas também conectam as pessoas, já que ela controla os caminhos dos ricos, trazendo o comércio, viagens, bens e riquezas. Mas, assim como o oceano, ela pode ser imprevisível. Tudo o que ela dá, ela também pode tirar em um instante.

## MOLDANDO CRENÇAS

Mami Wata é homenageada com presentes ou oferendas caras e por meio de cerimônias com bastante música – os instrumentos e a dança podem levar as pessoas ao transe. Esse estado de sonho permite que seus seguidores se comuniquem com ela e peçam sua proteção. Por respeito, algumas comunidades na África evitam pescar ou ir à praia em determinados dias, pois acredita-se que isso pode garantir um pouco de paz para o lar da divindade da água.

Quando as pessoas foram escravizadas à força durante o comércio transatlântico de escravos, Mami Wata as protegeu. Atualmente, ela é cultuada de diferentes maneiras em todas as Américas, como na festa de Iemanjá no Brasil, que celebra o mar e Mami Wata, como a divindade da água. Ela é uma mulher poderosa, que ajuda quem precisa e recompensa aqueles que lhe são devotos.

**Reinando e guiando**

# NUT
### Antiga deusa egípcia do céu

## NASCIDA DO AR E DA UMIDADE

Nut é uma das deusas mais velhas do antigo Egito. Ela era membro de uma enéade, grupo de nove deuses e deusas da cidade de Heliópolis, perto do Cairo. Seu pai era Shu, o deus do ar seco, e sua mãe era Tefnut, a deusa da umidade. Eles foram criados pelo primeiro deus, Atum, e juntos formavam o céu acima, Nut, e a terra abaixo, seu irmão Geb.

Ela é feita dos elementos e das estrelas, e o universo recobre seu corpo. Está arqueada sobre a terra, tocando-a com as pontas dos dedos das mãos e dos pés. Na maioria das religiões, o céu é um deus masculino, enquanto a terra é feminina, então a feminilidade de Nut é incrivelmente incomum. Ela passa o sol pelo corpo todos os dias e noites, dando-o à luz como a mãe dos corpos celestes. Na verdade, é seu papel materno que tornou Nut tão essencial para os antigos egípcios.

## MÃE DOS DEUSES

O deus-sol, Rá, temia que alguém tomasse seu poder. Quando soube que Nut estava para ter filhos, ficou com medo de que eles pudessem desafiá-lo, então a amaldiçoou, proferindo: "Nut não dará à luz em nenhum dia do ano". Naquele momento, o ano egípcio tinha 360 dias. Como ela poderia ter filhos se não podia dar à luz em nenhum dia? Ela logo pensou em um plano, elaborado junto com o esperto deus da sabedoria, Toth, que tinha cabeça de pássaro. Ele estava apaixonado por ela e não hesitou em ajudar. Toth prometeu vencer o deus da lua, Khonsu, em um jogo de dados. Sempre que perdia, Khonsu tinha de dar a Toth parte de seu luar. Khonsu não era muito bom nos dados e perdeu várias vezes. Logo Toth tinha juntado luar suficiente para cinco dias extras.

**Reinando e guiando**

Durante cada um desses cinco dias, Nut deu à luz um de seus filhos, e uma nova geração de poderosos deuses e deusas nasceu. Rá ficou tão furioso por ter sido ludibriado que prometeu separar para sempre Nut de seu irmão e marido, Geb. Ele fez seu pai, Shu, o deus do ar seco, ficar entre eles, para que a terra e o céu nunca mais pudessem se reunir. Assim, apesar de Nut e Geb ansiarem um pelo outro dia e noite, eles nunca poderiam ficar juntos.

Sendo uma mãe amorosa, Nut tentava ajudar os filhos sempre que podia. No entanto, eles se viraram um contra o outro. Um deles, Set, matou seu mais amado filho, Osíris. Depois que sua filha Ísis cuidadosamente reuniu os pedacinhos de Osíris, este subiu uma escada (símbolo sagrado de Nut) para entrar em seus céus e pedir sua proteção. Por causa disso, Nut ficou conhecida como protetora dos mortos.

## MOLDANDO CRENÇAS

Nut também é conhecida como "Aquela de mil almas", já que as almas dos mortos eram representadas como estrelas no céu. Ela é a mãe dos deuses. O teto dos antigos sarcófagos e tumbas egípcios muitas vezes mostra a imagem dela se estendendo sobre o cadáver como se fosse o céu.

Mas Nut não apenas dá à luz e vigia a morte. Ela também fornece nutrição para que seus filhos cresçam ao longo da vida. É comum que ela seja retratada como uma grande vaca se esticando pelo céu ou como uma porca amamentando seus leitões, que são as estrelas. Ela também é um sicômoro, árvore que fornece abrigo a quem precisa.

*Sarcófago com a imagem de Nut pintada na altura do peito, Egito, 600 a.C.*

Sua conexão com os céus também era científica, e os antigos egípcios chamavam o estudo do tempo, dos planetas e das estrelas de "Livro de Nut". A deusa ainda inspira as mulheres de hoje, que a celebram como a mãe das estrelas, da lua e do sol.

# JUNO

### Deusa mãe de Roma e protetora das mulheres

## GUARDIÃ DE ROMA

Deusa protetora da cidade de Roma, Juno é uma figura complexa, cujos mitos, histórias e personalidade mudam, dependendo de onde em todo o enorme Império Romano ela foi cultuada. Ela era equivalente a Hera na mitologia grega.

Juno era casada com o líder dos deuses, Júpiter, que também era seu irmão. Seu pai era Saturno, o deus do céu, e seus outros irmãos eram Netuno, Plutão, Vesta e Ceres. Com o marido e com a deusa da sabedoria, Minerva, Juno fazia parte da Tríade Capitolina, cultuada em um templo sofisticado em uma das famosas sete colinas de Roma.

O nome de Juno costuma ser associado à ideia de juventude, mas ela também era a deusa do amor e do casamento. Às vezes chamada de "rainha", aparece nas moedas romanas como a representação da governante perfeita. Considerada a mãe de Roma, cuidava de todas as pessoas do estado, sendo particularmente cultuada pelas mulheres. Ela as protegia do berço ao túmulo, ajudando-as durante o parto e abençoando seus casamentos.

## MAIS QUE UMA MÃE

Em conjunto com Marte, o deus da guerra, e Vulcano, o deus do fogo, Juno e Júpiter foram as divindades mais importantes de Roma. No entanto, Júpiter não foi sempre um marido fiel. Dizem que ele criou a bruma só para que Juno não conseguisse vê-lo com outras mulheres. Legitimamente irritada com as traições do marido, a deusa, sempre feroz e leal, tentou pegá-lo em flagrante várias vezes.

*Busto de bronze de Juno, Itália, 300-100 a.C.*

Uma das histórias conta que Júpiter se apaixonou por uma sacerdotisa chamada Io. Para protegê-la do ciúme da esposa, Júpiter transformou Io em uma vaca, mas Juno descobriu o plano. Como queria ficar de olho na amante do marido, Juno enviou um gigante com cem olhos chamado Argus para vigiá-lo.

Quando Júpiter soube o que sua esposa estava tramando, mandou que seu mensageiro, Mercúrio, matasse o monstro. Juno ficou tão abalada com o assassinato de seu fiel vigia que pegou todos os cem olhos dele e os colocou no rabo de um pavão. Este acabou se tornando o símbolo da deusa, um lembrete de seu servo mais devoto.

Na célebre epopeia de Virgílio, *Eneida*, Juno fez de tudo para frustrar as tentativas do herói Eneias de fundar a cidade de Roma, na Itália. Ela o fez ir para Cartago, onde ele se apaixonou perdidamente pela bela rainha Dido. Mas mesmo depois de conhecer Dido, Eneias continuou determinado a cumprir sua profecia em Roma, então se afastou e partiu para a Itália. Dominada pelo sofrimento, Dido construiu uma pira funerária e, no topo dela, pegou a espada de Eneias e a enfiou em seu corpo. A interferência de Juno levou à morte de Dido, mostrando como ela às vezes podia ser cruel.

## MOLDANDO CRENÇAS

Na Roma antiga, o principal festival de Juno era celebrado no dia 1º de março. Chamava-se Matronália. As mulheres podiam soltar os cabelos e recebiam presentes dos maridos e filhos – era a versão romana do Dia das Mães.

Juno também era celebrada em outros festivais no primeiro dia dos meses relacionados às luas crescente e minguante. As pessoas acreditavam que ela controlava os ciclos dos meses e a chegada das estações.

Como todos os deuses e deusas romanos, Juno tinha vários aspectos em sua personalidade. Ela é mais conhecida por ser a gentil e maternal deusa do parto e do casamento, mas também podia ser maligna e ciumenta – uma deusa tão mutável quanto a Lua.

# EZILI DANTÒ

### Deusa vodu haitiana da vingança e da maternidade

## MISTURA DE CULTURAS

No vodu haitiano, Ezili Dantò é uma divindade, uma Iwa. Ela representa a beleza e os desafios da maternidade e oferece conforto e força especialmente para as mães solo. Demonstra uma ampla gama de emoções e de vez em quando pode ser tomada por uma raiva vingativa.

Para entender Ezili Dantò, primeiro é preciso entender o vodu, que significa "espírito" ou "energia sagrada" na língua fon do Benin. Durante os anos 1500-1800, os africanos escravizados levaram suas religiões para São Domingos (hoje Haiti), e o vodu nasceu de uma combinação das tradições fon, iorubá e congo da África Ocidental e Central, bem como das tradições taino do Caribe. Os franceses que colonizaram a ilha do Haiti eram católicos, então no vodu os africanos tiveram de combinar deuses e deusas africanos com santos dessa religião.

Alguns espíritos vodus têm raízes antigas, enquanto outros, como Ezili Dantò, representam um conjunto de espíritos mais recentes, nascidos da escravidão, da rebelião e da revolução. Eles entendem as duras condições que os escravizados tiveram de suportar durante a colonização francesa.

## DEFENSORA DA LIBERDADE

Para honrar os espíritos e ancestrais, sacerdotes, sacerdotisas e devotos participam de diversas cerimônias. Nelas, recebem a visita de espíritos que se comunicam por meio de um ritual chamado "montagem". Conectar-se com Ezili Dantò dessa maneira pode produzir resultados poderosos, como a Revolução Haitiana – a única revolta de escravizados bem-sucedida no mundo, que levou à independência do Haiti da França.

Ezili Dantò desempenhou papel importante na conquista da liberdade de seu povo quando os haitianos escravizados se uniram para derrubar seus opressores. Eles fizeram oferendas aos espíritos durante uma cerimônia, e Ezili Dantò enviou uma mensagem para a sacerdotisa. Todos concordaram em lutar pela liberdade. Algumas pessoas dizem que a própria Ezili Dantò se juntou à luta disfarçada de homem, e, quando os soldados descobriram sua identidade, cortaram sua língua, com medo de que ela revelasse seus segredos. A deusa ficou com duas cicatrizes na bochecha e perdeu a capacidade de falar – ela só conseguia estalar os lábios. O Haiti finalmente conquistou sua independência em 1804, após treze anos de guerra, com a ajuda de Ezili Dantò, a defensora da liberdade.

Muitas fotos a mostram como a Madona Negra de Czestochowa, a padroeira da Polônia. Isso porque, enquanto os soldados haitianos lutavam pela sua independência, soldados poloneses que haviam sido recrutados por Napoleão romperam laços com o exército francês e se juntaram às forças haitianas. Eles levaram consigo imagens da Madona Negra, e os devotos do vodu viram nelas a imagem de Ezili Dantò – uma mãe amorosa com o filho nos braços.

**Reinando e guiando**

## MOLDANDO CRENÇAS

Ezili Dantò tem dois filhos: uma filha chamada Anaís e um filho chamado Ti Jean Petwo. Como ela não pode falar, Anaís fala por ela e é sempre retratada ao lado da mãe. A irmã de Ezili Dantò é Izili Freda, a deusa do amor, da beleza e das riquezas. As irmãs são opostas em muitos sentidos – Freda é graciosa, amante dos prazeres e da vida luxuosa, enquanto Ezili Dantò é forte, trabalhadora e resiliente.

Sendo um dos espíritos mais poderosos e relevantes do vodu, a imagem de Ezili Dantò se misturou com a da mais importante das mulheres cristãs: a Virgem Maria. Ela é frequentemente retratada como um coração perfurado por um punhal, enquanto sua irmã Ezili Freda aparece como um coração cheio de amor.

Guerreira destemida e defensora da liberdade, Ezili Dantò é acima de tudo uma mãe amorosa, capaz de fazer qualquer coisa por seus filhos. Ela lhes oferece a coragem e a força necessárias para que eles conquistem o que quer que esteja em seu caminho.

*Nota haitiana de 10 gourdes mostrando Suzanne "Sanité" Bélair, uma mulher revolucionária que lutou pela liberdade, Haiti*

# RHIANNON
Rainha galesa dos cavalos e da coragem

## INALCANÇÁVEL

Rhiannon é uma personagem fascinante do famoso poema galês medieval *O Mabinogion*. Essa coleção de narrativas fantásticas tem de tudo, desde história antiga a romance. Em meio aos contos, há ideias religiosas, muito mais velhas que o poema, que remontam a milhares de anos, nos oferecendo pistas do passado celta do País de Gales.

Deusa do Outro Mundo – lugar parecido com o mundo real, mas com estranhas variações –, Rhiannon é uma mulher especialmente confiante e empoderada.

No poema, ela aparece pela primeira vez em uma colina sagrada, montada em um magnífico cavalo branco e vestida de seda dourada. O lorde de Dyfed, Pwyll, ordena que seus cavaleiros capturem a bela mulher. Eles a perseguem por dias, mas, apesar de o cavalo de Rhiannon sempre galopar como se estivesse em um passeio, os homens não conseguem alcançá-la.

Até que o próprio Pwyll pede para Rhiannon se deter. Então, ela para e diz zombeteiramente que ele deveria ter aquilo isso desde o início. Ela tinha ido buscar Pwyll sozinha porque o queria como marido. Mas há uma reviravolta na história! Rhiannon já estava prometida a outro homem, Gwawl. Como poderia impedir esse casamento de acontecer?

**Reinando e guiando**

Ela organizou uma festa de casamento especial e disse a Pwyll para se vestir de mendigo. Quando chegou à celebração, Pwyll pediu a Gwawl que enchesse uma pequena sacola com comida. Gwawl tentou ajudar o faminto, mas a bolsa estava enfeitiçada. Ele simplesmente não conseguiu preenchê-la. A certa altura, Gwawl entrou na bolsa para entender que tipo de magia a controlava. Claro que Pwyll aproveitou o momento e chamou seus soldados.

Eles jogaram o jogo medieval chamado "texugo no saco", chutando e batendo no saco com Gwawl dentro dele, até que ele rastejou para fora coberto de cortes e hematomas. Gwawl logo percebeu que se casar com Rhiannon provavelmente não era uma boa ideia, então Rhiannon conseguiu o que queria e se tornou a rainha de Dyfed.

## ACUSADA INJUSTAMENTE

Três anos depois, Rhiannon deu à luz um menino. Na primeira noite, enquanto ela dormia, seu filho recém-nascido desapareceu misteriosamente do berço. As criadas tinham pegado no sono. Com medo de serem acusadas, elas mataram um cachorrinho e espalharam seu sangue em Rhiannon para parecer que ela tinha comido o próprio filho. Arrasada pela perda de seu único filho, Rhiannon concordou em receber o castigo. Todos os dias, ela se sentava nos estábulos e contava sua história aos transeuntes. Ela chegou até a carregar os visitantes nas costas como se fosse um cavalo, o que era humilhante para uma rainha. Apesar de tudo, Pwyll continuou a amá-la e a honrá-la.

Até que, em outra reviravolta, seu filho foi encontrado. Ele havia sido criado por um lorde galês. Conforme crescia, ele foi ficando extremamente parecido com seu verdadeiro pai, então foi devolvido aos pais legítimos e batizado de Pryderi. As primeiras palavras que Rhiannon pronunciou ao vê-lo foram: "Agora todas as minhas preocupações terminaram".

## MOLDANDO CRENÇAS

Rhiannon tem uma ligação muito forte com cavalos. Na verdade, ela é capaz de encantá-los. Ela e Pryderi são frequentemente retratados como uma égua com seu potro, de modo que algumas pessoas acreditam que ela pode ser uma versão galesa da deusa celta do cavalo, Epona. Ambas são rainhas e são frequentemente imaginadas montadas em cavalos que se movem com cuidado e graça.

Epona foi adorada em toda a Europa celta e é possível que seu legado tenha sobrevivido nos contos medievais de Rhiannon. Para muitos galeses, Rhiannon é uma mulher forte e complexa cujas histórias ainda inspiram orgulho e fascínio.

# XIWANGMU

Deusa tao da vida, morte, criação e destruição da China

## O PALÁCIO NAS MONTANHAS

Há poucas deusas mais importantes na China que Xiwangmu, rainha mãe do Ocidente. Mencionada em inscrições de mais de 3 mil anos, é descrita como uma personagem feroz, com dentes de tigre e cauda de leopardo, que pode trazer pragas e doenças para aqueles que a desagradam. Com o tempo, foi se transformando em uma figura mais gentil, ligada ao paraíso e à vida eterna.

O taoismo é uma antiga tradição chinesa que reúne filosofia e crenças religiosas, enfatizando a vida em harmonia com a natureza. Para esse sistema, a existência é formada por opostos essenciais: claro e escuro, quente e frio, úmido e seco – essas coisas dependem umas das outras e não fazem sentido por si sós. Esse é o princípio do yin e yang.

A deusa Xiwangmu é yin. Ela é o feminino e o ar do oeste. O yang celestial é seu marido, o Imperador de Jade e soberano do céu. Juntos, eles determinam tudo, incluindo o nascimento, a morte e a imortalidade.

**Reinando e guiando**

Xiwangmu é conhecida por diferentes nomes, sendo Mãe Dourada um deles. Ela é incrivelmente bonita e sua casa fica nas míticas Montanhas Kunlun. Seu palácio é cheio de amor, risadas e vida.

Em sua alegre corte, a deusa está sempre cercada de coisas maravilhosas: fênix que espalham suas penas de fogo e explodem em chamas, renascendo perfeitamente; damas de companhia que dançam ao redor do Lago Turquesa enquanto feras mágicas exploram as florestas. Há nove andares em seu palácio, feito de uma pedra preciosa verde chamada jade. A seu redor, há jardins de fadas e um lago repleto de flores de lótus.

*Figura de marfim de Xiwangmu, China, 1662-1722*

## FRUTO DA VIDA ETERNA

Xiwangmu tem um trabalho muito importante: ela deve cuidar das árvores em seu jardim, que abriga os Pêssegos da Imortalidade. Essas frutas são tão raras que só aparecem uma vez a cada 3 mil anos. Todos os anos, em sua festa de aniversário, ela oferece pêssegos aos deuses para que eles possam continuar a viver. Sem ela e os frutos que colhe, os deuses acabariam se tornando mortais e faleceriam.

Mas não é apenas dos deuses que Xiwangmu cuida. Seu pessegueiro também é o único lugar onde humanos e deuses podem se comunicar. Ali ela oferece conselhos, orientação e proteção aos imperadores chineses, ensinando-lhes os segredos da vida eterna. Porém, apesar de sua sabedoria e de suas lições, eles sempre falham em seus testes, permanecendo mortais.

Xiwangmu deu aos imperadores o "Mandato do Céu", o que significava que eles tinham apoio do céu para governar a terra. Milhares de anos atrás, o imperador Shun afirmou que Xiwangmu havia lhe dado pessoalmente o mandato. Quando ele foi coroado, ela alinhou cinco planetas no céu como sinal de seu apoio. Dizer que tinha o amor de uma deusa tão poderosa era uma ótima maneira de um imperador manter seu poder.

## MOLDANDO CRENÇAS

Xiwangmu é uma deusa criadora. Seu talento é tecer, e as pessoas acreditam que ela tece as estrelas no céu toda noite. Ela usa seu tear na cabeça, e se algum dia ele se quebrar, todo o tecido que ela criou tão amorosamente vai se desfazer. No entanto, ela é ainda mais importante por espalhar sabedoria, por ter alcançado a imortalidade e por proteger os humanos na terra, especialmente os governantes.

Para muitos chineses, Xiwangmu é uma figura inspiradora porque ela mostra que uma mulher pode ser muito poderosa. Se os casais rezarem para ela, ela pode lhes enviar um filho. Só que ela não fica feliz quando eles lhe pedem um menino, em vez de uma menina; para ela, tanto garotas quanto garotos são importantes – são o yin e o yang.

# BABA YAGA

### Vilã e protetora, a bruxa má do folclore russo

## ATERRORIZANTE

Se você já leu algum conto popular da Rússia ou da Europa Oriental, provavelmente ouviu falar da famosa bruxa Baba Yaga. Ela aparece em muitas histórias, às vezes como uma velha, às vezes como três mulheres idênticas ou até como irmãs. A misteriosa e mágica Baba Yaga é uma mulher poderosa e não é leal a ninguém. Algumas pessoas a visitam para pedir conselhos. Só que ela é perigosa, e é preciso tomar cuidado – ela pode até ajudar mas o mais comum é que ela tente devorar a pessoa.

Uma das coisas mais estranhas em Baba Yaga é onde ela mora. Sua cabana fica no meio de uma floresta, gira como um pião e tem pernas de frango! O que significa que a casa pode fugir e se esconder. Quem quer que decida visitá-la precisa estar em grande necessidade para se mostrar disposto a entrar em uma casa tão estranha.

Mas isso não é a única coisa que pode parecer digna de pesadelo... Baba Yaga também é aterrorizante. Ela tem braços e pernas tão compridos que podem alcançar ambos os lados da cabana, e um nariz tão pontudo que é capaz de chegar até o teto para que ela sinta o cheiro de quem for corajoso o suficiente para visitá-los. De vez em quando, ela sai voando pelo céu dentro de uma tigela usada para moer ervas chamada almofariz, usando o bastão de moer – o pilão – para guiá-la.

**Reinando e guiando**

## GÊMEOS EM PERIGO

Em uma história famosa, um casal de gêmeos foi enviado à floresta escura e profunda para encontrar a cabana de Baba Yaga. O pai deles havia se casado com uma mulher que queria se livrar deles de uma vez por todas. Antes de partirem, sua amada avó lhes deu um conselho: "Sejam gentis e bons com todos, não falem palavrões, ajudem os mais fracos e sempre acreditem que vocês também vão receber ajuda".

Sozinhas e amedrontadas, as crianças saíram caminhando pela floresta... até que finalmente encontraram a cabana com pernas de frango. A cerca que contornava a casa era feita de caveiras, e logo a terrível Baba Yaga saiu para cumprimentá-los. Ela disse que os devoraria, a menos que eles cumprissem as tarefas que ela lhes daria.

A menina foi incumbida de fiar, e o menino teve de encher uma banheira de água com uma peneira. Toda vez que tentava enchê-la, a água simplesmente escorria. Ele ficou com muito medo de ser devorado.

"Dê-nos algumas migalhas e a gente vai ajudar vocês", uns pássaros simpáticos piaram enquanto passavam voando. Então, o garoto lhes ofereceu migalhas sem demora e, em troca, os pássaros lhe disseram para colocar um pouco de barro dentro da peneira. Assim, ele conseguiu encher toda a banheira.

Quando Baba Yaga viu que as crianças tinham trabalhado duro, decidiu não as devorar, pois tinha de cumprir sua promessa. Ela avisou que lhes daria tarefas mais difíceis ainda no dia seguinte. Mas os animais da floresta se lembraram da bondade das crianças e ajudaram os gêmeos a fugir.

## MOLDANDO CRENÇAS

Aterrorizante e imprevisível, Baba Yaga tem assombrado crianças e adultos há séculos. Na maioria das histórias, as pessoas só visitam sua cabana giratória quando precisam de algo. Quanto maior for seu desejo, mais difíceis serão suas tarefas – mas, às vezes, a bondade e o trabalho duro podem ajudá-las a sobreviver. Seja bruxa ou deusa, Baba Yaga continua sendo uma das personagens mais misteriosas do folclore russo.

*Selo mostrando Baba Yaga ilustrado por Ivan Bilibin, Rússia, cerca de 1984*

# DURGA

Deusa hindu do poder supremo, da proteção e da força

## GUERREIRA INVENCÍVEL

Alguns textos hindus, escritos há mais de mil anos, dizem que a criação não começou com um deus, mas com uma deusa. Na vertente do hinduísmo conhecida como shaktismo, a fonte de energia espiritual é feminina. Esse poder assume muitas formas, e uma das mais importantes é a deusa Durga. Ela é a imbatível exterminadora de demônios. Mistura perfeita de paz e guerra, é tanto uma mãe amorosa quanto uma deusa guerreira que protege os necessitados.

O nome "Durga" significa "impassível", ou "invencível". Sua história mais famosa conta como ela conseguiu matar o búfalo-demônio Mahishasura. Tudo começou quando um rei cruel do Mundo Inferior e uma bela princesa vítima de uma maldição que a obrigava a assumir a forma de um búfalo tiveram um filho, Mahishasura. Ele podia se transformar em homem ou búfalo sempre que queria.

Mahishasura detestava os deuses e decidiu se tornar o mais poderoso dos demônios para poder destruí-los. Primeiro, ele precisava ganhar sua confiança, então ofereceu penitência ao deus supremo, Brahma. Cantou, rezou e meditou por tantos anos que Brahma não pôde ignorar sua devoção. Como recompensa por seus esforços, ele disse que Mahishasura podia expressar qualquer desejo que quisesse. "Faça com que nenhum homem ou deus possa me derrotar", respondeu Mahishasura. Brahma concordou, e o búfalo-demônio ganhou poderes sobrenaturais que o tornaram invencível.

## DERROTANDO DEMÔNIOS

Mahishasura espalhou o caos pelo mundo. Ninguém podia detê-lo quando ele se transformava de homem em búfalo e saía atacando as casas dos deuses. Eles ficaram aterrorizados ao perceber que a promessa de Brahma não poderia ser quebrada. Então, refletiram muito sobre o que havia sido prometido – que nenhum homem ou deus poderia destruir Mahishasura. Ou seja, uma mulher ou deusa poderia! Assim, todos os deuses enviaram raios de luz, que colidiram fazendo um estrondo de trovão, e Durga apareceu.

*Figura de bronze de Durga, Índia, 1100-1300*

Ela era o poder da criação, da preservação e da destruição. E era devastadoramente bonita. Tinha longos cabelos escuros e estava coberta de joias preciosas e guirlandas de calêndulas. Para ajudá-la, cada deus lhe deu um presente. Uns eram armas destinadas a trazer a vitória na batalha – como a espada, a lança e a clava –, enquanto outros mostravam a importância dela para a descoberta da paz interior – como a concha, o sino e a flor de lótus.

O Senhor do Himalaia, seu pai Himavant, deu a ela um leão feroz. Durga pulou em suas costas, pegou seus preciosos presentes em suas muitas mãos e soprou sua concha, emitindo um som ensurdecedor. Então, saiu caminhando na direção do exército do búfalo-demônio, deixando crateras no chão como pegadas.

Os céus tremeram quando ela encheu a terra e o céu com sua luz radiante. Ela chamou um exército de guerreiros para ajudá-la e, juntos, eles destruíram as tropas de Mahishasura. Mas ainda havia o búfalo-demônio, e Durga era a única que tinha poder suficiente para enfrentá-lo. Após uma luta feroz, ela conseguiu cortar a cabeça de Mahishasura, derrotando o mal, a destruição e a crueldade. Ela permaneceu calma e tranquila porque sua violência não era motivada pelo ódio, mas pelo amor ao mundo que ela protegia.

**Reinando e guiando**

## MOLDANDO CRENÇAS

Em Bengala, na Índia, há um festival hindu chamado Durga Puja, que acontece no outono, dura dez dias e é todo dedicado à deusa. Nele, são produzidas magníficas esculturas de cerâmica temporárias, exibidas em santuários e depois colocadas nos rios ao final das festividades para garantir uma boa colheita. O festival celebra a vitória de Durga sobre o mal, mas também seu papel como criadora. As pessoas rezam para que a deusa maternal e vitoriosa retorne no próximo ano.

Com sua independência e força de guerreira, Durga questiona a ideia de que as mulheres foram feitas para serem mães, esposas ou filhas gentis e carinhosas. Mas como ela também tem todas essas qualidades, é o maior exemplo para mulheres que querem ser fortes e gentis, amorosas e imbatíveis.

# VÊNUS

### Deusa romana do amor, da beleza e da vitória

## MÃE DE ROMA

Você já deve ter ouvido falar da deusa Vênus. Artistas e escultores a têm retratado nua há séculos – ela é a imagem da mulher perfeita. Só que ela não é apenas uma mulher bonita para os outros olharem. É uma deusa poderosa, imprevisível e muito importante. Os romanos pegaram vários dos mitos ligados à misteriosa deusa grega do amor, Afrodite, e adicionaram seus próprios detalhes para criar Vênus – a deusa do amor terreno e da devoção celestial.

No cerne da antiga religião romana, os mitos de Vênus contam que ela teve muitos amantes, tanto humanos quanto deuses, e deu à luz o deus--criança Cupido. Ela também ajudou heróis, como seu filho Eneias, a quem guiou em sua jornada de Troia a Roma. Eneias era ancestral de Rômulo e Remo, os fundadores de Roma, então Vênus é conhecida como "Portadora da vitória" e "Mãe de Roma".

Vida nova

Seu nascimento é diferente do de qualquer outro deus ou deusa. Ela "nasceu da espuma". Há uma história que conta que Terra, mãe de toda a vida no mundo, estava furiosa com seu marido, Caelus. Ele mantinha os filhos prisioneiros porque não queria que nenhum deles o destronasse. Mas, um dia, Terra entregou uma faca afiada a um de seus filhos, dizendo-lhe para cortar o corpo de Caelus e jogar os pedaços no mar. Quando a água se misturou com a carne, surgiu uma espuma e dela emergiu Vênus, totalmente formada e muito bela. Enquanto caminhava para a costa do Chipre, flores brotavam onde quer que seus pés tocassem.

## A MAÇÃ DE OURO

Uma história famosa conta como Vênus desempenhou importante papel em um dos eventos mais significativos da mitologia romana – a grande Guerra de Troia. Júpiter tinha organizado uma festa de casamento, mas não convidou Discórdia, deusa do conflito, pois sabia que ela estragaria o evento. Só que ela acabou ouvindo as comemorações e, decidida a se vingar, apareceu com uma maçã de ouro que havia pegado do jardim das ninfas. Então, anunciou um concurso de beleza – quem fosse considerada a mais bonita ganharia a maçã.

Três deusas se apresentaram: Juno (esposa de Júpiter), Minerva (deusa da sabedoria) e Vênus. Júpiter simplesmente afirmou que não era capaz de escolher, então pediu a um príncipe troiano chamado Páris para tomar a decisão. Cada uma das deusas tentou suborná-lo. Juno ofereceu-lhe a coroa da Europa e da Ásia. Minerva ofereceu-lhe sabedoria e a vitória na guerra. Mas Vênus ofereceu-lhe o amor da mulher mais bonita do mundo: Helena, a esposa de um rei grego. Foi uma escolha difícil. Páris poderia obter o poder mundano ou a vasta sabedoria. Em vez disso, arriscou-se e escolheu o amor, declarando Vênus a vencedora do concurso. Depois, foi reivindicar sua linda esposa, sequestrando-a e começando assim a longa e sangrenta guerra entre a Grécia e Troia. Essa história mostra que a dádiva do amor de Vênus pode ser tanto uma bênção quanto uma maldição.

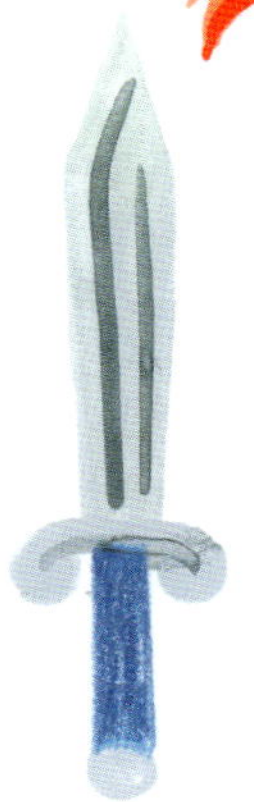

## MOLDANDO CRENÇAS

Os romanos viam Vênus como uma deusa que poderia guiá-los à grandeza e ajudá-los na batalha. Sendo uma das deusas mais importantes de Roma, ela foi cultuada em todo o império. Os imperadores também perceberam que seria útil tê-la a seu lado. O primeiro deles, Júlio César, conectou sua família ao filho dela, Eneias, mostrando que ele era descendente da própria Vênus. Ele construiu templos em sua homenagem e até mandou gravar seu rosto nas moedas. Dessa forma, Vênus foi muito mais que a deusa do amor – ela era uma ancestral poderosa que protegia o Império Romano.

Os festivais em celebração a Vênus aconteciam em abril, dando as boas-vindas à primavera europeia. Muitas de suas cerimônias envolviam beber vinho e fazer oferendas de frutas e vegetais. As jovens penduravam guirlandas em volta das estátuas da deusa. Até hoje, ela é celebrada como uma mulher poderosa, que equilibra o fogo da paixão, a guerra e a violência com o amor, a gentileza e a bondade.

Estátua de mármore da Vênus de Milo por Alexandros de Antioquia, Grécia, 130 a.C.

# CHALCHIUHTLIQUE
#### Deusa asteca da água fresca

*Figura de pedra de Chalchiuhtlique, México, 1325-1521*

## DEUSA ASTECA DA ÁGUA FRESCA

Chalchiuhtlique era a importante deusa da água para os astecas do México antigo. Nas muitas esculturas que sobreviveram, ela costuma ser retratada com uma saia verde. Na verdade, seu nome significa "a que usa saia de jade". No México antigo, o jade era mais precioso que o ouro, e sua cor verde representava a água. Chalchiuhtlique protegia os rios, os lagos e as viagens seguras pelos mares, mas a água também carregava muitos significados sagrados. Ela lavava os pecados e cumpria um papel no ciclo de vida e morte, e é por isso que também diziam que Chalchiuhtlique cuidava das mães e de seus bebês recém-nascidos.

A deusa da água está ligada ao poderoso, temperamental e imprevisível deus da chuva e do relâmpago, Tlaloc. Em algumas histórias, ela é sua esposa; em outras, sua irmã. E há até quem diga que eles são duas partes da mesma divindade ou deus. Juntos, controlam quatro tipos de água: a primeira é a que dá vida; a segunda, que afoga plantas; a terceira, que traz a geada; e a quarta, a que pode destruir tudo.

Como a água que ela representa, Chalchiuhtlique pode fazer coisas positivas e negativas acontecerem. Ela morava no topo de uma montanha e, quando liberava sua preciosa água nos campos, trazia vida nova, mas também podia destruir a terra enviando tempestades e chuva. Quando se juntava à deusa do milho, Xilonen, trazia a colheita, mas quando se unia à perigosa deusa-cobra Chicomecoatl, podia provocar uma seca desastrosa. Ela também é conhecida por criar redemoinhos e tempestades violentas, dificultando a travessia dos mares pelos marinheiros.

## INUNDAÇÃO DEVASTADORA

A história mais famosa de Chalchiuhtlique é sobre uma inundação que transformou todas as pessoas em novas e maravilhosas espécies de peixes. Ela começa quando os humanos viviam em uma era conhecida como Quinto Sol. Antes disso, os primeiros deuses e deusas haviam feito quatro versões diferentes do mundo, mas destruíram todas lutando entre si. Chalchiuhtlique governou o Quarto Sol, ou a Quarta Era. Só que esse mundo foi arrasado por uma grande inundação, pois Chalchiuhtlique fez cair uma chuva tão poderosa que os humanos se tornaram peixes e os céus desabaram, tendo de ser erguidos novamente por outros deuses.

Chalchiuhtlique e seu marido, Tlaloc, viviam no paraíso chamado Tlalocan e ali recebiam qualquer um que tivesse morrido na água. As pessoas que viajavam para Tlalocan não eram cremadas ou queimadas, como se costumava fazer naquela época na Mesoamérica. Em vez disso, os corpos afogados eram enterrados inteiros e cobertos com papel, com sementes plantadas em seus rostos e tinta azul aplicada em sua testa. Na vida após a morte, no paraíso aquático de Chalchiuhtlique, elas receberiam apenas o melhor, podendo escolher seu banquete por toda a eternidade.

Vida nova

## MOLDANDO CRENÇAS

O sexto mês do calendário asteca – quando a estação chuvosa começa no México – costumava ser dedicado a Chalchiuhtlique.

As pessoas se esforçavam para agradar a deusa, torcendo para que os campos amadurecessem por meio de orações e ofertas. Celebrações e banquetes eram realizados ao redor das lagoas, e objetos especiais eram colocados na água como oferendas.

Mas havia também um aspecto aterrorizante nessas cerimônias. Durante uma delas, chamada de Atlcahualo, crianças eram levadas para os cumes sagrados das montanhas para serem sacrificadas. Se chorassem no caminho para o santuário, suas lágrimas eram entendidas como sinal de que as chuvas vitais viriam em breve.

Chalchiuhtlique era uma das deusas astecas mais populares quando os espanhóis chegaram e conquistaram o Império Asteca em 1521. Suas imagens a mostram com um grande adereço de cabeça com borlas e uma saia esvoaçante azul-esverdeada. Algumas pinturas retratam bebês recém-nascidos flutuando na água ao lado dela. Isso pode ser porque crianças pequenas eram oferecidas à deusa como presente durante as cerimônias, ou por causa da poderosa proteção que ela oferecia às mulheres e a seus bebês.

# BRÍGIDA

Deusa celta dos elementos, da cura e da poesia

## FOGO, TERRA E ÁGUA

No Reino Unido e na Irlanda, Brígida é uma das deusas mais famosas, e suas lendas vêm sendo contadas há milhares de anos. Seu pai, Dagda, era o misterioso deus da magia e da sabedoria, e sua mãe era uma poeta, que lhe transmitiu o dom de tecer as palavras. Brígida era a deusa da primavera, da aurora, da medicina, da poesia e dos elementos naturais – terra, água e fogo. Conhecida como a "Alta" ou a "Deusa do Poço", ela está ligada às colinas e às montanhas, aos rios e às hidrovias. Mas por ser ruiva e usar um manto de raios de sol brilhantes, é mais conhecida por ser celebrada com uso do fogo.

Algumas lendas contam que Brígida era casada com o Grande Rei Bres, e juntos eles tiveram um filho chamado Ruadán. Pouco depois de chegar à Irlanda, os deuses começaram a lutar contra uma tribo de monstros destemidos e terríveis, e Ruadán foi morto. Brígida correu para o campo de batalha gritando e chorando, e seus gritos desesperados ficaram conhecidos como "lamento" – palavra que designa uma canção de luto que inspirou muitos poetas e músicos ao longo dos tempos e costumava ser ouvida em funerais.

O papel de Brígida como uma mãe-terra foi muito importante. Ela foi celebrada por sua sabedoria em diversas áreas, tendo inspirado artistas, arquitetos, ferreiros e artesãos de todos os ramos. Se seu coração fosse puro e sua mente estivesse agitada, ela seria a deusa que poderia ajudar você. Ela protegia as pessoas, a terra e os animais. Na verdade, era a deusa guardiã dos animais de estimação e tinha seus próprios animais especiais: dois bois, chamados Fe e Men, um porco, chamado Torc Triath, "rei dos javalis", e um poderoso carneiro, Cirb, que liderava todas as ovelhas.

**Vida nova**

## DE DEUSA A SANTA

Muitas pessoas acreditam que há uma conexão entre a deusa e uma santa cristã de mesmo nome, Brígida de Kildare. Santa Brígida é muito importante: está entre os santos padroeiros da Irlanda, e registros de sua vida afirmam que tinha poderes milagrosos.

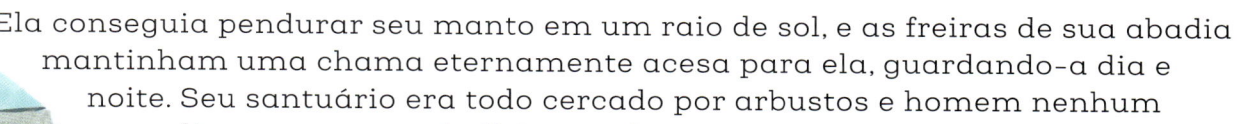

Ela conseguia pendurar seu manto em um raio de sol, e as freiras de sua abadia mantinham uma chama eternamente acesa para ela, guardando-a dia e noite. Seu santuário era todo cercado por arbustos e homem nenhum podia entrar, ou explodiria em chamas. Assim, tanto a deusa quanto a santa compartilham essa conexão com o fogo.

Mas a coisa mais incomum sobre Santa Brígida era que ela tinha poderes equivalentes aos de um bispo, um membro muito importante da Igreja Cristã. Como isso era raro para as mulheres da época, Santa Brígida, assim como a deusa que veio antes dela, foi considerada um símbolo do poder feminino. Apesar de muitas práticas pagãs terem sido eliminadas quando a Irlanda se converteu ao cristianismo, Brígida permaneceu sendo uma figura importante.

## MOLDANDO CRENÇAS

Todos os anos, no dia 1º de fevereiro, há uma festa especial para a santa e para a deusa Brígida, conhecida como "Imbolc". A celebração marca o início da primavera. Velas e fogueiras representam o sol ficando mais quente, e as pessoas visitam poços sagrados para deixar oferendas e se abençoarem com água benta. Hoje, para homenagear a santa, as pessoas tecem cruzes de grama e compram bonecas recheadas de feno, que são levadas de casa em casa para afastar o mal. Brígida era uma deusa tão amada que deu seu nome a uma santa porque era importante demais para ser esquecida.

*Cruz de Santa Brígida feita de juncos, Irlanda*

# PATTINI

### Deusa da pureza do Sri Lanka e defensora da justiça

## ESPOSA FIEL

A história de Pattini pode ser cheia de tragédia e drama, mas no fundo é apenas uma história de amor entre uma mulher comum e seu marido. Antes de ser adorada como uma deusa, Pattini era chamada de Kannagi, e sua vida foi registrada em uma das mais antigas obras literárias que sobreviveram no Sri Lanka – o Cilappatikaram, que significa "A tornozeleira adornada". Esse belo poema épico conta como Kannagi se casou com o filho de um comerciante, Kovalan, quando eles eram muito jovens.

Eles foram muito felizes juntos, até que um dia Kovalan vislumbrou uma linda mulher dançando, Madhavi. E se apaixonou perdidamente à primeira vista. Seguindo seu desejo, ele deixou a esposa e passou a gastar todo o dinheiro deles com o novo amor. Kannagi ficou de coração partido, mas jurou permanecer fiel e esperar o marido voltar.

Logo a sorte virou a seu favor. Kovalan retornou para ela, envergonhado e implorando perdão. Apesar de estar magoada, ela percebeu que queria continuar com ele, então eles começaram a planejar o futuro juntos. Só que havia um grande problema: agora eles não tinham dinheiro. Kannagi se lembrou que ainda possuía um par de tornozeleiras preciosas, feitas de ouro maciço e cravejadas de joias. Desesperada para colocar a vida dos dois de volta nos trilhos, pegou uma delas e a deu a Kovalan para que ele a vendesse e comprasse o que precisavam para sobreviver.

## BUSCANDO VINGANÇA

Foi aí que deu tudo errado. Quando os habitantes da cidade viram a tornozeleira de Kannagi, tão linda e preciosa, pensaram que só poderia ser o tesouro perdido da rainha. E concluíram que a joia devia ter sido roubada! Kovalan, acusado de ladrão, foi preso e morto sem ter chance de se defender. Kannagi logo ficou sabendo e saiu correndo para a cidade, furiosa.

De luto, enraivecida e destemida, Kannagi invadiu o palácio e corajosamente se colocou diante do rei. Ali ela tirou sua outra tornozeleira adornada. O bracelete perdido da rainha tinha pérolas incrustadas, enquanto o de Kannagi brilhava com rubis. Tudo tinha sido um engano – seu marido havia morrido por nada. À medida que seu sentimento de injustiça crescia, Kannagi foi ficando cada vez mais enfurecida. Na frente de todos, ela chamou Agni, o deus do fogo, pedindo para que ele destruísse a cidade. Vendo sua lealdade, sua resistência e sua nobreza, o deus atendeu seu pedido. No mesmo instante, casas explodiram em chamas e logo toda a cidade se transformou em um inferno flamejante. Somente os bons foram salvos, enquanto os perversos arderam. Kannagi tinha conseguido justiça.

## MOLDANDO CRENÇAS

Mas o que aconteceu com Kannagi depois? Será que sua história tem um final feliz? Bem, ela foi levada ao céu, onde se tornou a deusa Pattini – uma das mais populares no Sri Lanka. As pessoas ainda a homenageiam com muitos rituais diferentes.

Em alguns vilarejos, há encenações de sua jornada; em outros, há jogos com cocos, paus ou chifres. Os jogos variam, mas um lado sempre representa a deusa, e o outro o marido ou o rei malvado. Por meio desses jogos, o povo do Sri Lanka continua celebrando a coragem e a fidelidade de Pattini.

Apesar de ter sofrido grandemente, ela permaneceu forte, defendendo a verdade. Ela costuma ser retratada segurando suas duas tornozeleiras, como sinal de sua lealdade, fornecendo esperança e apoio para as mulheres que também estão lutando contra as injustiças.

**Vida nova**

*Pulseira feita de cristal e prata, Sri Lanka*

# ARIADNE
Deusa cretense dos labirintos

## IRMÃ DE UM MONSTRO

Ariadne aparece nos mitos gregos, mas sua história pode ter milhares de anos, remontando a uma deusa mãe minoica da ilha de Creta. Na língua mais antiga dessa ilha, Ariadne significa "a mais sagrada". Em lendas posteriores, ela se tornou uma princesa da ilha do Mediterrâneo e filha de seu lendário rei, Minos.

Minos era filho de Zeus, líder dos deuses, que se transformou em um touro para conquistar a mãe de Minos. Aliás, touros são muito frequentes nas histórias sobre Ariadne.

A esposa de Minos, mãe de Ariadne, Pasífae, se apaixonou por outro touro e deu à luz seu meio-irmão, o Minotauro – que era meio homem, meio touro. Com medo dessa perigosa criatura, Minos construiu um enorme labirinto abaixo de seu palácio, para mantê-lo prisioneiro ali. O Minotauro era alimentado com a carne de jovens homens e mulheres, e os habitantes de Creta viviam temerosos de que ele um dia escapasse e aterrorizasse a ilha. Ariadne, a meia-irmã do monstro, era a encarregada de cuidar do labirinto.

*Ânfora com representações de Ariadne, Teseu e o Minotauro, Grécia, 510-500 a.C.*

Vida nova

## APAIXONADA POR UM HERÓI

Em uma das histórias, um herói grego chamado Teseu decidiu acabar com o Minotauro de uma vez por todas. Quando pessoas dispostas a se sacrificar foram solicitadas em Atenas, ele foi de boa vontade, sabendo que seria oferecido à fera. Assim que viu o heroico Teseu, Ariadne se apaixonou e prometeu ajudá-lo em sua missão. Ela lhe deu um novelo de lã feito por Hefesto, o deus dos ferreiros. Se Teseu deixasse um rastro de lã enquanto caminhava e depois o seguisse de volta, seria capaz de encontrar o caminho para sair do atordoante labirinto.

Ariadne também deu a Teseu uma espada, e com sua lâmina afiada ele conseguiu cortar a cabeça de touro do corpo do Minotauro.

Sabendo que tinha traído seu pai e seu país, Ariadne fugiu de Creta com Teseu. Mas este foi muito cruel e a abandonou no meio do mar. Ela ficou chorando tristemente em uma ilha.

Então, o deus do vinho, Dionísio, a encontrou e, vendo sua beleza, se casou com ela. Algumas histórias dizem que eles já estavam destinados a terminarem juntos, enquanto outras contam que Dionísio a resgatou. A tiara que ela usou em seu casamento se tornou a bela constelação conhecida como "Corona Borealis". Eles tiveram muitos filhos juntos. Dionísio a amava tanto que, quando ela morreu, ele a eternizou colocando a tiara dela no céu para que todos conhecessem seu amor eterno.

## MOLDANDO CRENÇAS

Com a lã mágica que usou para ajudar Teseu, Ariadne acabou se conectando à mística arte da tecelagem. Seu nome também pode estar ligado à palavra "aracne", que significa "aranha", já que ela tecia o destino de todos ao seu redor.

Quando o incrível palácio de Cnossos, em Creta, foi descoberto, há pouco mais de cem anos, os arqueólogos encontraram estatuetas de deusas mães muito mais antigas que a civilização grega, remontando a quase 4 mil anos. Tábuas de argila que ainda não foram totalmente decodificadas revelam o nome "A-sa-sa-ra". Será esse o nome da deusa cretense há muito perdida? Teria ela virado Ariadne ao longo dos séculos? As imagens femininas e os contos de Ariadne nos mostram que em Creta as mulheres estavam entre as figuras religiosas mais importantes da ilha.

# ASASE YAA

### Deusa da terra da África Ocidental

## FORA DE ALCANCE

Asase Yaa é a deusa da terra do povo Acã de Gana. Ela também é conhecida como Aberewa, "velha", e é a esposa do deus do céu, Onyame. Os primeiros reinos Acã foram governados por rainhas, até que o poder foi transferido para governantes homens. Os deuses espelham a forma como o poder está ordenado até agora: Onyame é o rei e Asase Yaa é a rainha mãe. Ela compartilha de seu poder e ele não exerce poder sobre ela. A autoridade é passada pela linhagem materna, então tradicionalmente as mulheres são muito respeitadas e ainda podem ser governantes.

Por que não podemos tocar o céu estando na terra? O povo Acã acredita que é por causa de uma história que começa com Asase Yaa triturando alimento em um almofariz, movendo seu pilão de pedra sem parar. Enquanto ela mexia o braço para cima e para baixo, o pilão batia no céu ruidosamente. De sua casa nos céus, Onyame ficou maluco com a barulheira constante. Para poder ter um pouco de paz e sossego, ele subiu um pouco mais, de modo que o céu se separou da terra.

Vida nova

Asase Yaa esperava poder curar seu relacionamento e começou a equilibrar tigelas, colocando uma em cima da outra em uma tentativa de alcançar a casa de Onyame no céu. Quando estava quase conseguindo, ela gritou para que seus filhos lhe trouxessem outra tigela, mas não havia mais nenhuma. Desesperada, ela disse: "Pegue uma do fundo e a passe para mim". Quando seu filho puxou a tigela de baixo, a torre toda desabou. E assim o céu e a terra permaneceram para sempre separados.

## CONTANDO A VERDADE

O povo Acã confia totalmente em Asase Yaa. Quando uma pessoa é acusada de mentir, o vilarejo deve "perguntar à velha". Isso significa que o acusado deve se abaixar e tocar a ponta da língua na terra. Assim como uma mãe que tudo vê, Asase Yaa vai testar sua honestidade, sendo capaz de descobrir se alguém estiver contando qualquer mentirinha.

Asase Yaa tinha uma espada poderosa que podia lutar sozinha. Um dia, seu filho trapaceiro, o deus-aranha Anansi, roubou a espada e a levou para Onyame, dizendo que a usaria para proteger o deus do céu. Quando o exército inimigo se aproximou, Anansi ordenou que a espada lutasse, mas não sabia o comando para fazê-la parar. A espada se virou para o exército de Onyame, até que, sem mais ninguém para matar, matou o próprio deus-aranha. A espada de Asase Yaa só pode ser empunhada pela própria deusa.

*Espada de ouro feita de latão, Gana, 1700-1900*

## MOLDANDO CRENÇAS

Asase Yaa está no início e no fim da vida como a guia que conduz os mortos para o Outro Mundo. A tradição é levantar o caixão e abaixá-lo até o solo três vezes para garantir que ela saiba quem está entrando na terra. Em Gana, símbolos conhecidos como *adinkra* são usados em roupas e cerâmicas para representar ideias importantes. O símbolo de Asase Yaa representa o peso da terra, a gravidade que nos mantém em sua superfície e o amor da mãe-terra por toda a criação.

Quinta-feira é seu dia sagrado. Para permitir que a deusa descanse, ninguém trabalha nas plantações nem enterra seus mortos nesse dia. Não há templos dedicados a ela. Em vez disso, ela é homenageada nos campos, onde toda semana presentes são oferecidos para que os aproveite em seu dia de folga.

Durante o comércio transatlântico de escravos no século XIX, Asase Yaa era uma das deusas cultuadas pelos escravizados do povo Acã. Atualmente, ela também é celebrada na Jamaica, onde muitos acãs se estabeleceram. Suas histórias viajaram oceanos, oferecendo a muitas pessoas a esperança de que há uma mãe amorosa cuidando delas.

# GAIA

Mãe-Terra de toda a vida da Grécia

## PRIMEIRA MÃE DOS DEUSES

Os antigos gregos se perguntaram como começou a vida na terra e decidiram que foi com uma deusa: Gaia. Segundo o lendário escritor grego Hesíodo, Gaia foi uma das primeiras deusas a surgir do vazio, de Caos.

E, do nada, Gaia criou Urano – o céu – para envolvê-la por todos os lados. Ela era tão poderosa que também criou as montanhas e o mar. Depois, vieram as profundezas do Mundo Inferior, Tártaro, mas também a esperança do amor, Eros. Assim, no início havia apenas Gaia, deusa da terra, Urano, deus do céu, o reino dos mortos e a essência do amor.

Juntos, Gaia e Urano começaram a trazer os seres vivos à existência. Primeiro, ela deu à luz os poderosos Titãs, a família de deuses e deusas que governavam o céu e a terra antes dos deuses e deusas que governaram o Monte Olimpo.

Ela também deu à luz os gigantes de um olho chamado Ciclopes e as criaturas de cem mãos e cinquenta cabeças conhecidas como Hecatônquiros. Só que seu pai, Urano, odiava essas crianças monstruosas e queria se livrar delas. Ele as escondeu no interior do corpo de Gaia, causando-lhe imensa dor e sofrimento. Foi aí que ela começou a desafiar aqueles a seu redor.

## DEUSA REBELDE

Sofrendo com a dor das criaturas presas dentro dela, Gaia criou uma lâmina afiada usando um pedaço de rocha parecido com um diamante. Ela chamou seu filho mais novo e mais sanguinário, Cronos, um dos Titãs, e pediu que ele ficasse de guarda até que seu pai chegasse. Quando Cronos viu Urano se aproximar da mãe, pegou a lâmina e o atacou.

Enquanto o sangue de Urano vertia, Gaia o usou para criar gigantes, ninfas e outros seres sobrenaturais. Diz-se que a deusa Afrodite foi criada quando parte do corpo de Urano caiu no mar. Por causa disso, o deus do céu não podia mais ter filhos, e parecia que Gaia o impediria de causar mais dor a ela e a seus filhos.

*Jarro com pintura de Gaia, Grécia, 470-460 a.C.*

Só que agora era a vez de seu filho Cronos causar estragos. Ele tinha ouvido uma profecia que dizia que uma hora seu poder seria desafiado por seus próprios filhos. Para impedir que isso acontecesse, engolia cada um de seus bebês assim que eles nasciam. Sua esposa, Reia, ficava arrasada quando todos os bebês eram arrancados dela e devorados pelo próprio pai. Até que, com a ajuda de Gaia, elaborou um plano astuto.

Depois de dar à luz seu último filho, Reia pegou uma pedra e a enrolou em um pano para que parecesse um bebê. Cronos fez como sempre e engoliu a pedra de uma só vez. Mas Reia na verdade tinha deixado seu filho, Zeus, com a avó. Gaia desafiou Cronos e salvou Zeus do terrível destino de seus irmãos e irmãs, que acabaram sendo resgatados e governaram o Olimpo como deuses.

Com a ajuda de Gaia, Zeus derrotou seus outros filhos, os Titãs, e se tornou o líder dos deuses. Gaia criou seres humanos com o sangue dos Titãs e assim a humanidade começou. Ela se rebelou primeiro contra o marido, depois contra o filho, mas o fez em nome do amor.

## MOLDANDO CRENÇAS

Embora seja vista como a mãe de toda a vida na terra, Gaia também é adorada como a deusa da morte. Ela pode ter sido cultuada por mais de 6 mil anos na região sagrada de Delfos, na Grécia, conhecida como "O umbigo do mundo". A deusa romana equivalente de Gaia era Terra. É dela que vêm todos os termos referentes à terra, como extraterrestre, que significa "fora do planeta". Como deusa mãe e mulher poderosa, ela está na raiz de toda a criação e ainda hoje é venerada por muitos, que a veem como fonte de inspiração.

*Vida nova*

# EVA
#### Primeira mulher feita por Deus

## COMPANHEIRA À ALTURA

As três principais religiões que surgiram no Oriente Médio – judaísmo, cristianismo e islamismo – começam suas histórias de criação com um homem e uma mulher feitos por Deus. Na tradição cristã, Eva é a primeira pessoa a escolher o livre-arbítrio e a independência. Mas ela também é vista como desobediente e traiçoeira.

A história contada no livro de Gênesis, na Bíblia, descreve como o universo foi criado, e o relato tem duas partes muito diferentes. Primeiro, Deus cria os céus, a terra, todas as criaturas, o homem e a mulher em seis dias, descanso no sétimo dia. Nessa parte da história, o homem e a mulher parecem ser iguais – são feitos ao mesmo tempo e têm os mesmos direitos sobre todos os animais, pássaros e peixes.

A segunda parte da história é quando a humanidade fica em apuros. Ela começa com Adão solitário, feito do pó por Deus, que soprou vida nele. Ele é colocado em um belo paraíso chamado Jardim do Éden, cercado por árvores, plantas e animais maravilhosos de que precisa cuidar. No centro do jardim, Deus plantou a Árvore do Conhecimento do Bem e do Mal e disse a Adão que ele nunca, jamais, deveria comer seu fruto. Se o fizesse, morreria. Só que Adão não queria ficar sozinho no paraíso. Ele queria uma parceira. Então, Deus pegou uma costela sua enquanto ele dormia e dela fez uma mulher, Eva, para que ela fizesse companhia a Adão.

*Bíblia mostrando Adão e Eva no Jardim do Éden, Inglaterra, 1607*

## FRUTO TENTADOR

Entre as muitas criaturas do jardim, Deus criou a serpente, que era mais astuta que qualquer outro animal. Ela sussurrou para Eva que a mulher não morreria se comesse o fruto da Árvore do Conhecimento. Em vez disso, ela seria como Deus e conheceria o bem e o mal. Desejando essa sabedoria, Eva colheu o fruto proibido e o comeu.

Ela então o ofereceu a Adão, que também deu uma mordida. No mesmo instante, eles ficaram envergonhados por estarem nus – algo que não haviam notado em sua inocência. Daí, fizeram roupas de folhas de figueira e, quando ouviram Deus se aproximando, esconderam-se nas árvores. Ambos agora tinham o conhecimento do bem e do mal.

**Vida nova**

Deus logo entendeu que eles haviam comido o fruto. Ele acusou primeiro Adão, que colocou a culpa em Eva. Esta, por sua vez, colocou a culpa na serpente, dizendo que ela a enganara. Decepcionado com a traição, Deus os amaldiçoou: a serpente sempre teria de rastejar, arrastando a barriga no pó, e Adão sempre teria de trabalhar duro na terra. Tudo o que ele recebia com tanta facilidade no Éden agora seria difícil de cultivar.

Em seguida, Deus também puniu Eva. Ele determinou que as mulheres sempre experimentariam dor no parto. Com isso, Adão e Eva foram banidos do jardim e anjos ferozes com espadas ardentes foram colocados ao redor da Árvore do Conhecimento para que ninguém jamais comesse seu fruto novamente.

## MOLDANDO CRENÇAS

Na língua hebraica, Eva é conhecida como Hawwah, que significa "fonte de vida", ou "ser vivo". Sendo a primeira mulher, todos os humanos descendem dela. Assim como a famosa Pandora da mitologia grega, que abriu a caixa contendo todos os males do mundo, ao provar o fruto proibido, Eva desbloqueou todas as coisas ruins que os humanos podem sentir, como vergonha e culpa. Mas isso também permitiu que eles se tornassem independentes de Deus. Eva pode ter sido enganada pela serpente e severamente punida e criticada ao longo dos séculos como a primeira pecadora, mas ela foi a mãe original e seus atos ofereceram aos homens e às mulheres o livre-arbítrio.

# MAWU
### Criadora do Sol, da Lua e da vida da África Ocidental

## VIDA NA TERRA

Entre os povos Ewe e Fon da África Ocidental, a criação está relacionada às mulheres. Na crença vodu, a criadora Mawu aparece em diferentes versões das histórias, mas é mais frequentemente descrita como a filha de Nana Buluku – o ser feminino supremo, presente no início da existência. Nana Buluku tinha apenas uma tarefa: criar um deus e uma deusa que pudessem dar origem a toda a vida na Terra. Ela fez um filho, Lisa, e uma filha, Mawu. Os dois estão tão conectados que podem ser entendidos como apenas um ser: Mawu-Lisa.

Não cabia a Nana Buluku fazer e administrar a vida, então ela se aposentou para ficar na paz e no sossego. O trabalho duro ficou com Mawu-Lisa. Mawu é a lua, Lisa é o sol. Juntos, eles começaram a criar todos os detalhes da terra. Com amor, moldaram cada criatura do barro e deram vida a elas.

Algumas histórias contam que Mawu-Lisa tiveram muitos filhos, que se tornariam responsáveis por todos os aspectos do mundo. A primeira filha de Mawu se chamava Gbadu, que controla o destino e o futuro. Ela fica sentada em cima de uma palmeira observando tudo o que acontece na terra, no mar e no céu. Gbadu desempenha um papel importante em um dos contos mais interessantes sobre Mawu.

Mawu fez um macaco chamado Awe. Percebendo que suas mãos rápidas poderiam ser úteis, ela lhe pediu para criar outros animais de barro. O macaco atrevido ficou se gabando para todos que tinha recebido o papel de um deus e agora podia dar vida a novas criaturas. E saiu desafiando Mawu, dizendo que era mais poderoso que ela.

Gbadu, que observava tudo atentamente, viu o caos que o macaco estava espalhando e decidiu enviar um de seus filhos para lembrar a todos que apenas sua mãe Mawu possuía o sopro da vida. Awe ficou com raiva e quis provar que poderia animar o barro. Ele soprou uma vez – e falhou. Soprou uma segunda vez – e nada aconteceu. Até que Mawu interveio. Para provar seu argumento, ela lhe ofereceu mingau de macaco feito com as sementes da morte. Só ela tinha o poder de criar a vida e tirá-la.

## SERPENTE CÓSMICA E ARCO-ÍRIS

Em outras histórias sobre a criação, um animal diferente ajudou Mawu: uma cobra muito poderosa chamada Aido-Hwedo. A cobra sempre existiu e faz parte do poder criativo que permitiu a Mawu criar a vida na Terra. Mawu viajava pelo universo sendo carregada na boca pela serpente mística, sua serva.

Enquanto dava forma a todas as criaturas, ela temeu que a terra estivesse ficando muito pesada. Então, pediu a Aido-Hwedo que se enrolasse embaixo dela e a lançasse para o céu. É a cobra que mantém a Terra estável, fazendo-a girar para sempre, além de garantir os movimentos das estrelas no céu. Sempre que você vir um arco-íris, saiba que é a serpente cósmica refletida nos céus!

## MOLDANDO CRENÇAS

Mawu é a criadora da vida e da alegria, detendo todo o conhecimento e a sabedoria do mundo. Ela também é a protetora das mães e está intimamente ligada a todos os aspectos da vida e do crescimento, e não da morte e da destruição. Seu nome vem de *ma* (não) e *wu* (matar), então seu significado é literalmente "não matar".

Em partes da África Ocidental e das Américas – já que as crenças e práticas vodus foram levadas com os escravizados durante o comércio transatlântico de escravos –, Mawu é entendida como a força vital responsável pelas colheitas.

Quando os agricultores plantam suas sementes, podem invocá-la para trazer vida a cada uma e lhes oferecer um rico suprimento de alimentos. Mawu é entendida de várias formas. Ela pode ser a única criadora, um homem, uma mistura de homem e mulher, entre outras. Mas, como símbolo da energia criativa feminina, ela continua sendo uma força poderosa que ainda inspira as mulheres de hoje.

# MOKOSH

Mãe da terra, deusa eslava da fiação e do destino

## A TERRA QUE DÁ VIDA

Você já ouviu falar dos sete grandes deuses eslavos? Eles eram cultuados há muito tempo na Rússia e na Europa Oriental e Central antes que as pessoas começassem a seguir a religião cristã. Mokosh, a Deusa Mãe, era a única mulher entre os sete. Ela representa feminilidade, proteção, boa sorte, riqueza e um futuro de sucesso. Seu nome está relacionado à umidade, então ela é entendida como a fonte de nutrição para toda a vida.

Mokosh é a mãe-terra, que traz vida por meio de suas águas, curando aqueles que estão passando necessidade. Há várias histórias de milagres operados em seus poços sagrados – surdos de repente passavam a ouvir, e cegos a enxergar. Ela é uma deusa muito antiga, que tornou o mundo natural rico e abundante.

## FIANDO O TEMPO E CONTROLANDO O DESTINO

**Vida nova**

No norte da Rússia, Mokosh ainda é consagrada como um espírito protetor. Ela às vezes é retratada como uma mulher muito alta com braços extremamente longos e uma cabeça grande. Sendo uma deusa da terra, ela ajuda os camponeses ao nutrir a grama que alimenta as ovelhas. Ela até ajuda os agricultores tosquiando a lã das ovelhas enquanto eles dormem. Com essa lã, ela tece fios maravilhosos e os usa na confecção de roupas preciosas. É por isso que ela está conectada ao destino. Mokosh tece uma trama com os fios da sorte, mudando o futuro ao literalmente tecer as histórias de vida das pessoas.

Como fiar e tecer são tarefas importantes para ela, de vez em quando Mokosh é retratada como uma aranha fiadora de cabeça grande e patas longas. Homenageá-la com oferendas e orações a manterá a seu lado até que um dia, no final da vida, ela cortará os fios, sendo o próprio destino.

Mokosh é muito protetora com seus seguidores. Eles acreditam que, ao cultuá-la, podem aprender a viajar entre mundos durante transes e sonhos. Ela é conhecida como "Aquela que dá golpes com suas asas", e o fato de ela ser capaz de voar reflete quão poderosos seus adoradores podem se tornar.

Quando suas sacerdotisas precisam de ajuda, elas pedem para que Mokosh as proteja com sua bondade e as deixem viajar entre os diferentes reinos. Ela também está conectada às borboletas, símbolo da transformação mágica, e com as abelhas, símbolo do trabalho duro das sacerdotisas.

## MOLDANDO CRENÇAS

É comum que deusas antigas tenham se misturado a figuras de santas cristãs, para que as pessoas pudessem se manter conectadas às suas lembranças e tradições. Conforme os séculos foram passando, Mokosh foi sendo associada à Virgem Maria, por conta da proteção que ambas ofereciam às crianças e aos mais vulneráveis. Ela também estava ligada a Santa Parasceve, ou "Santa Sexta-feira". Nesse dia, as mulheres não precisavam trabalhar tanto quanto sempre. Elas acreditavam que, se varressem o chão com muita força em uma quinta-feira, os olhos de Mokosh estariam cheios de poeira no dia seguinte.

Mokosh ainda é considerada uma importante deusa nos dias de hoje. É possível ver sua imagem bordada nos aventais das mulheres, pois acredita-se que ela traz proteção. Também é possível ver imagens ligadas à deusa em tiras de pano amarradas a bétulas sagradas ou salgueiros próximos à água – são oferendas que pedem uma colheita farta. Sendo uma mãe amorosa, ela faz os campos crescerem e a água fluir livremente, além de levar cura e conforto para aqueles que precisam dela.

*Boneca Mokosh, Ucrânia*

# LILITH
### Demônia judia e monstro da noite

## ESPÍRITO DE DEMÔNIO

Lilith provavelmente veio dos demônios femininos, ou lilitu, da antiga Mesopotâmia, hoje conhecida como Oriente Médio. Os demônios eram parte importante da religião desse território e, apesar de às vezes serem gentis, eram espíritos sombrios e cruéis. Muitas tábuas de argila milenares que sobreviveram revelam encantos e feitiços para proteger as pessoas contra a perigosa lilitu.

*Joia mágica gravada com a imagem de Lilith, Mediterrâneo, 300-500 d.C.*

No entanto, descobrir com exatidão de onde veio Lilith é uma tarefa complicada, porque suas histórias mudaram bastante ao longo do tempo e dos lugares. A menção mais antiga a conecta a outra poderosa deusa, Inana (ver páginas 8-9). Na história de Gilgamesh e a Árvore Huluppu, Inana salvou o precioso huluppu da destruição e o replantou em seu jardim sagrado.

A árvore logo foi maculada por uma serpente rastejante que não podia ser enfeitiçada, por um pássaro da tempestade Anzu que trazia trovões e relâmpagos e por um espírito feminino chamado Lilith. Inana pediu ajuda para proteger a árvore e o famoso herói Gilgamesh matou a cobra que habitava suas raízes.

O pássaro Anzu então voou para a montanha e Lilith escapou para o deserto, aterrorizada. Nessa história, Lilith é mostrada como um demônio nocivo, que destruiu a árvore vital de Inana.

Guerra e morte

## A PRIMEIRA MULHER

Mais de mil anos depois, Lilith ganha um papel totalmente diferente na fé judaica. Ela é a primeira esposa do primeiro homem, Adão. Quando foram criados no Jardim do Éden, Adão disse que Lilith deveria fazer exatamente o que ele mandasse. Mas a forte e independente Lilith retrucou: "Somos iguais, porque fomos criados da terra". Adão simplesmente não conseguiu aceitar isso. Então, recusando-se a ser menos que seu marido, Lilith proferiu o nome secreto de Deus e fugiu do jardim. Adão pediu a ajuda de Deus para trazer sua esposa de volta, então Deus lhe enviou três anjos: Sanoi, Sansenoi e Semangloph. Eles deveriam encontrar Lilith. Ele lhes disse: "Se ela quiser voltar, que bom. Se não, deve aceitar que cem filhos seus vão morrer todos os dias".

Os anjos perseguiram Lilith pelos mares revoltos, ameaçando afogá-la. Quando nem isso funcionou, eles imploraram para que ela voltasse, mas ela continuou negando e dizendo: "Só fui criada para deixar os bebês doentes". Ela aceitou a punição de Deus de que seus próprios filhos morreriam e passou a roubar bebês de outras mães. Mas prometeu aos três anjos que, sempre que visse os nomes deles gravados em um amuleto, não pegaria a criança protegida pelo objeto. Ela foi embora com o anjo caído, Lúcifer, e juntos eles tiveram vários filhos demoníacos, que causaram muitos estragos entre os humanos.

Dizem que Lilith podia voar na escuridão da noite, assim como as corujas, com as quais ela é frequentemente associada. Ela também era capaz de mudar a aparência e enfeitiçar homens. As pessoas costumavam se proteger contra o terror de Lilith, e vários objetos antigos estavam cobertos de feitiços de proteção. Tigelas especiais eram enterradas de cabeça para baixo debaixo das casas para prender os demônios e proteger a família.

Um amuleto antigo trazia essa assustadora mensagem: "Ó você que voa em salas escuras, vá embora neste instante, neste instante, Lilith. Sua ladra, destruidora de ossos".

## MOLDANDO CRENÇAS

As curiosas conexões de Lilith com demônios ancestrais e a história bíblica da criação a deixaram com uma reputação complicada. Durante milhares de anos, as pessoas acreditaram que ela causava pesadelos e a morte de crianças. O que significa que ela geralmente é lembrada como um demônio cruel e sombrio. Mas como enfrentou Adão e lutou para ser considerada sua igual, ela também é vista como símbolo de independência feminina. Ela é ao mesmo tempo aterrorizante e mortal, fascinante e poderosa.

# SEKHMET
## Leoa egípcia e portadora da destruição

*Figura de cobre de Sekhmet, Egito, cerca de 664-332 a.C.*

### NASCIDA DE UM GRITO

Sekhmet é uma das mais antigas deusas do Egito. Seu nome significa "A Poderosa", mas ela também é descrita de várias outras maneiras, incluindo "Senhora da Carnificina", "A Dama Vermelha", "Chama do Sol" e "Senhora do Medo". É igualmente chamada de "O Olho de Rá", pois representa as faces violentas de seu pai, Rá, o deus-sol. Assim como ele, ela é frequentemente retratada com um disco solar na cabeça. Ela tem cabeça de leoa e o poder do caçador mais feroz do Egito. É uma deusa da guerra, mas também da cura, podendo tanto destruir quanto proteger as coisas.

Um dos mitos sobre o fim do domínio de Rá descreve como Sekhmet surgiu. Rá cuidadosamente criou o céu, a terra, os deuses e a humanidade, trazendo lei e ordem ao mundo. Mas o povo vivia quebrando suas regras e o caos começou a se instalar. Com raiva, ele clamou pela ajuda da gentil deusa mãe Hator. Ela era extremamente poderosa, positiva e energética, a deusa da dança, do amor, da beleza e da música. E veio em socorro de Rá, mas sua raiva logo a transformou em "A Poderosa" – a aterrorizante Sekhmet com cabeça de leoa.

### SEDE DE SANGUE

Rá enviou Sekhmet para o deserto e, sem conhecer a bondade ou a empatia, ela destruiu todos que encontrou no caminho. A fúria de Rá a deixou tão sedenta de violência que ela saiu pelo deserto descontrolada, bebendo sangue humano, separando pessoas, ignorando seus pedidos de misericórdia. O rio Nilo logo ficou vermelho de sangue e, apesar de beber sem parar, ela não conseguia saciar sua sede. No final de seu primeiro dia na Terra, Sekhmet estava vermelha da cabeça aos pés. Ninguém podia detê-la. Cada espada empunhada contra ela ou cada flecha que lhe era lançada se desfazia em pedaços quando tocava sua pele.

Então, Rá percebeu que seu castigo tinha ido longe demais. Os habitantes do Egito tinham parado de lhe desobedecer. Em vez disso, tinham se unido para combater esse novo e terrível perigo sanguinário. Assim, ele decidiu elaborar um plano astuto para impedir que Sekhmet continuasse causando estrago.

**Guerra e morte**

Pediu que seu povo coletasse grandes quantidades de ocre vermelho da ilha de Elefantina. Depois, solicitou à poderosa cidade de Heliópolis que misturasse enormes tonéis de cerveja com a pedra vermelha moída. O líquido ficou parecendo sangue, e eles encheram 7 mil urnas e despejaram no campo em frente à cidade.

Enquanto avançava em direção a Heliópolis, Sekhmet viu o que parecia ser um campo de sangue. Ela soltou um rugido enorme e começou a beber cada gota. Só que não era sangue – o truque de Rá tinha funcionado. A cerveja logo a deixou completamente bêbada. Ela ficou inofensiva e calma, caiu nas ruas da cidade e voltou a ser a bela deusa Hator com sua cabeça de vaca. Sekhmet pode ter espalhado o terror entre as pessoas, mas Hator espalhou o amor.

## MOLDANDO CRENÇAS

No antigo Egito, um festival era realizado todos os anos para Sekhmet. Quando as águas do Nilo ficavam vermelhas com o solo revolto, as pessoas se lembravam dela bebendo cerveja com suco de romã. Elas acreditavam que Sekhmet os protegeria de inundações e da destruição.

Sua natureza perigosa significava que ela estava associada a doenças e pragas que podiam assolar populações inteiras, dizimando todos em seu caminho. Mas ela também era considerada uma deusa da cura, que cuidava dos médicos e da medicina. Ela costumava ser bastante cultuada, e as pessoas carregavam amuletos com sua imagem como proteção contra doenças. Sendo símbolo do poder feminino, Sekhmet foi uma deusa guerreira que podia trazer vida e morte com seu hálito quente e ardente e sua força feroz.

# DIANA

Deusa romana da lua, da caça e dos animais selvagens

## NASCIDA FORA DA TERRA

Nas histórias da Roma antiga, Diana é a filha do deus do céu, Júpiter. Por ser um espírito livre, ela prefere a emoção da caçada ao romance. Ela nunca se casou, e se cercou de amigos que compartilhavam do seu amor pela aventura. Deusa do ar livre, dos animais e da juventude, ela sabe o que quer, é física e emocionalmente forte e nunca se submete a ninguém.

Até seu nascimento vai contra a norma. Quando sua mãe, Latona, engravidou, a esposa de Júpiter ficou louca de ciúme e fez uma ameaça feroz de punir a amante dele: se o bebê nascesse em terra firme ou sob o sol forte, eles teriam problemas. Latona procurou por toda parte algum lugar seguro para dar à luz. E enfim encontrou a ilha flutuante de Delos. Como não estava conectada ao solo marítimo, não poderia ser considerada "terra firme", e, escondida sob a sombra de uma oliveira, tampouco estaria "sob o sol forte". Ali Latona pariu não apenas um, mas dois bebês – a deusa Diana e seu irmão gêmeo, Apolo. Eles tinham conseguido escapar da maldição!

Enquanto cresciam, Diana e Apolo se tornaram caçadores habilidosos. Eles permaneceram devotos um ao outro e a sua mãe. Um dia, Níobe, rainha de Tebas, se gabou com orgulho de que era muito melhor que Latona, já que tinha parido catorze filhos em vez de apenas dois. Desesperada para defender a reputação da mãe, Diana matou todas as sete filhas de Níobe, enquanto Apolo matou todos os sete filhos, perfurando-os com flechas venenosas. Com essa vingança, Diana provou que era a rainha da caça.

## GUARDIÃ DAS SELVAS

O arco e a flecha de Diana têm um papel importante em sua identidade de caçadora. Com cães a seu lado e uma aljava de flechas, ela costumava caçar na floresta. Muitos animais, incluindo veados, eram sagrados para ela, que era a guardiã do campo.

Em um dia de calor sufocante, ela fez uma pausa na caçada para se banhar em uma gruta secreta com suas amigas ninfas. Só que ela não era a única a caçar na floresta naquele dia. Ouvindo o barulho de água, um jovem caçador chamado Acteon entrou na clareira. Ele espiou por cima de uma pedra para ver de onde vinham as vozes das mulheres e, por apenas um segundo, viu a deusa completamente nua.

**Guerra e morte**

As ninfas gritaram de susto e tentaram cobrir Diana. Nenhum mortal podia olhar o corpo de uma deusa! Diana ficou furiosa. Primeiro, ela quis dar uma flechada em Acteon, mas depois decidiu espirrar água mágica em seu rosto. Assim que isso aconteceu, começou a nascer pelo em todo o seu corpo. Chifres brotaram em sua cabeça e patas surgiram no lugar de seus pés.

*Moeda de ouro com imagem de Diana, Itália, 145-161 d.C.*

Em pouco tempo, Acteon se transformou completamente em um cervo. Assustado, ele correu às cegas para a floresta, mas seus próprios cães de caça sentiram seu cheiro e o rastrearam. A deusa estava vingada.

## MOLDANDO CRENÇAS

Uma caçadora tão poderosa seria a protetora perfeita das jovens solteiras do mundo antigo. Ela conduzia meninas da infância à idade adulta, acompanhando-as nas grandes transformações na vida de uma mulher. Impulsionada por uma energia selvagem e querendo provar que era tão forte e capaz quanto qualquer homem, Diana ainda é frequentemente associada à lua – tão mutável e fascinante quanto a própria deusa.

# FREYA

**Deusa nórdica do amor, da guerra e da magia**

### NADA TROUXA

De todas as mulheres da religião nórdica ou "viking", Freya é uma das mais importantes. Aonde quer que os vikings chegassem com seus extraordinários navios, a deusa e suas histórias os acompanhavam.

Sendo símbolo do amor, da primavera, da beleza, do ouro e da magia, Freya é destemida, briguenta e temperamental. Ela se sente em casa no campo de batalha e caminha entre os mortos. Suas assistentes – as temidas Valquírias – escolheram metade dos guerreiros mortos em batalha para viverem com ela no Campo do Povo, conhecido como Folkvang.

Freya pode viajar pelos Nove Reinos em sua carruagem puxada por dois gatos cinza-escuros, ou montada em seu poderoso javali, Hildisvini. Ela também tem um manto de penas de falcão que lhe permite voar.

*Pingente de prata representando Freya, Suécia, 800-1099 d.C.*

Guerra e morte

Freya é tão bonita que está constantemente sendo importunada por homens que querem se casar com ela. Em uma história, ela é enganada e quase se casa com Thrym, o rei dos gigantes. Ela entregou sua capa de penas ao deus encrenqueiro, Loki, para que ele pudesse se infiltrar na corte de Thrym e desvendar seus planos. Uma vez lá dentro, Loki descobriu que o gigante havia roubado o martelo mágico do deus do trovão, Thor, e só o devolveria se Freya se casasse com ele.

Eles traçaram um plano para recuperá-lo, mas, quando Loki e Thor mandaram Freya se vestir para se casar com o ladrão gigante, ela começou a tremer de fúria. Os salões dos deuses sacudiram e seu precioso colar se soltou do pescoço. Eles não poderiam obrigá-la a se casar com um rei *troll*!

Como Freya não moveu um dedo, Thor e Loki estabeleceram outro plano. Thor, o enorme deus do trovão, vestiu as roupas de Freya, colocou seu colar e foi em seu lugar.

Ele começou a engolir animais inteiros e a esvaziar enormes barris de hidromel, então Thrym começou a suspeitar que ao final talvez aquela não fosse a bela deusa Freya. Percebendo que havia sido descoberto, Thor arrancou as roupas, pegou o martelo e matou todos à sua volta. Quando todos estavam mortos, Freya recuperou seu colar, que lhe era mais precioso que qualquer outra coisa.

## ADORADORA DE OURO

Freya ama tanto o ouro que suas lágrimas são desse metal. Seu colar, Brisingamen, forjado no fogo por quatro anões, aparece em uma de suas histórias mais famosas. Freya tinha agido pelas costas de Odin, líder dos deuses, para pegar o colar, e ele queria mais informações sobre essa traição. Então, pediu que Loki a investigasse.

Loki foi espionar Freya, mas ela tinha trancado a porta muito bem. Então, ele se transformou em uma mosca e se enfiou por uma rachadura no telhado. Depois, se tornou uma pulga e mordeu a bochecha de Freya. Quando ela se virou de lado, ele tirou o colar e o levou direto para Odin.

Furiosa com a armadilha, Freya invadiu o grande salão e exigiu que Odin devolvesse seu tesouro. Ele se recusou. E ainda a puniu por ter guardado segredos, ordenando-lhe que incitasse a guerra e a miséria entre os povos da terra. Ela concordou, a guerra se seguiu, e Freya mais uma vez conseguiu recuperar seu colar.

## MOLDANDO CRENÇAS

Freya também foi cultuada como a deusa da magia porque foi a primeira a usar seiðr, um tipo de encanto praticada na Escandinávia que mudava o curso do destino, alterando tanto o presente quanto o futuro. Essa forma de magia era particularmente associada com as mulheres. Assim, aquelas que a praticavam eram consideradas as figuras mais poderosas da sociedade viking.

# IZANAMI

### Deusa japonesa da morte e da vida nova

## RITUAL DO AMOR

A deusa xintoísta japonesa Izanami tem uma relação complicada com a vida e a morte. Ela criou toda a existência, mas acabou morrendo ao dar à luz o deus do fogo. Então, desceu ao Mundo Inferior como a guardiã dos mortos. A vida e a morte sempre se equilibram, como mostra sua história.

Sendo os primeiros seres da terra, Izanami e seu marido, Izanagi, tinham de começar a criação. Com a ajuda de uma lança cravejada de pedras celestes, eles se colocaram na ponte flutuante entre o céu e a terra e passaram a agitar o mar abaixo. Gotas de água salgada pingaram da ponta da lança e criaram uma ilha chamada Onogoroshima. O deus e a deusa desceram dos céus e fizeram desse lugar seu lar.

Ali, Izanami e Izanagi construíram um enorme palácio com um pilar no centro. Quando decidiram ter filhos, eles fizeram um ritual em torno desse pilar: Izanami deu a volta por um lado e seu marido pelo outro. Ao se encontrarem, Izanami recebeu Izanagi alegremente e engravidou.

Logo depois, ela deu à luz. Infelizmente, a criança não tinha ossos e ficou conhecida como Hiruko, ou "criança sanguessuga". Seus pais a mandaram embora em um barco, mas por sorte o bebê sabia nadar. Ele ficou forte e se tornou o deus dos pescadores. O casal fez o ritual do pilar novamente e, dessa vez, Izanami deu à luz a muitos outros deuses e às oito ilhas do Japão. Ela é mãe na terra e no céu.

## MORTE E ESCURIDÃO

Só que, de todos os filhos que Izanami teve, nenhum representava o fogo. Assim, ela engravidou novamente para trazer um deus do fogo ao mundo. Mas, enquanto o bebê crescia dentro dela, ele começou a queimar e arder. Izanami ficou muito doente e quando ele finalmente saiu de seu corpo feito um vulcão em erupção, ela morreu.

Izanagi ficou arrasado com a perda da esposa e decidiu encontrá-la no Mundo Inferior. Assim, ele caminhou na terra da escuridão sem conseguir enxergar absolutamente nada. Izanami o ouviu chamando por ela, dizendo que a levaria para casa. Ela respondeu que já tinha comido o alimento dos mortos, o que significava que nunca mais sairia dali.

*Altar contendo pequenas estátuas de trinta kami xintoístas, Japão, 1600*

Mas Izanagi não desistiu. Ele faria qualquer coisa para trazer sua esposa de volta. Pegou o pente de seu cabelo e o acendeu para fazer uma tocha. Izanami surgiu, assustadora naquela luz bruxuleante. Em decomposição e coberta de vermes, ela já havia sido transformada pela morte. Izanami correu atrás de Izanagi enquanto ele fugia, horrorizado, para a saída. Ela enviou os guerreiros do Mundo Inferior em perseguição, gritando e berrando, desesperados para mantê-lo na terra dos mortos.

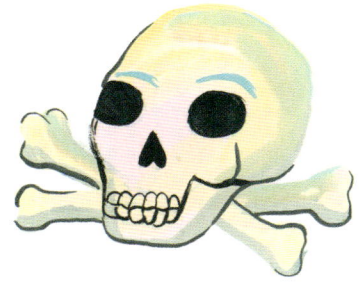

**Guerra e morte**

Até que Izanagi finalmente alcançou a luz. Ele empurrou uma rocha e a colocou sobre a abertura, isolando a terra dos mortos para sempre. Atrás da rocha, Izanami vociferou que levaria mil vidas por dia como vingança. Izanagi retrucou que criaria 1.500 vidas todos os dias, para que a existência continuasse.

## MOLDANDO CRENÇAS

A história da vida – e da morte – de Izanami toca em algumas das questões mais importantes que nos temos feito como humanos: como foi que chegamos aqui? Para onde vamos quando morremos? Izanami foi uma das primeiras kami, ou divindades protetoras da religião xintoísta. Essas divindades representam as características e forças da natureza, e muitas pessoas acreditam que sua história lhes oferece respostas e orientação para sua vida.

# ANAT

Deusa da guerra e da paz do Oriente Médio

## SEDENTA POR GUERRA

Três grandes religiões mundiais nasceram no Oriente Médio: judaísmo, cristianismo e islamismo. Os seguidores dessas religiões cultuam apenas um deus, mas sabemos que seus ancestrais, incluindo os cananeus mencionados na Bíblia, adoravam muitas divindades. Uma das deusas mais importantes do Oriente Médio, cultuada há cerca de 4 mil anos, era Anat. Suas histórias foram registradas em antigas tábuas de argila.

Anat é apaixonada por tudo, incluindo a violência. Extremamente bonita, é com muita frequência retratada com características animalescas, com chifres de vaca e asas de pássaro, que ela usa para voar a toda velocidade. Filha de El, o deus supremo, ela tem muitos irmãos e irmãs. Entre eles, destacam-se três: Baal, o deus das tempestades, que ela ama profundamente; Yam, o deus dos mares agitados; e Mot, o deus da morte, que ela odeia.

Em uma história, seu irmão Yam estava faminto por poder. Ele comunicou ao pai que queria assumir o trono como rei de todos os deuses. El pediu a Anat que cuidasse dos preparativos para a maravilhosa cerimônia de coroação, mas ela tinha outros planos. Em vez disso, encorajou seu amado irmão Baal a disputar com Yam o direito de ser o soberano.

Guerra e morte

Sem demora, eles travaram uma feroz batalha um contra o outro. Yam lançou um exército de criaturas marítimas no irmão. Mas Baal, que tinha dois bastões mágicos, conseguiu espancar Yam até a morte. Detentor do poder supremo, Baal queria um palácio grandioso, que fosse adequado para um rei. Em um ato de devoção a seu irmão favorito, Anat viajou para ver o pai deles, El, para pedir que ele construísse uma corte espetacular para Baal.

Com terremotos estremecendo à sua volta, Anat amaldiçoou El, ameaçando fazer com que seu cabelo vertesse sangue se ele não fizesse o que ela exigia. Ela enfim conseguiu o que desejava e Baal ganhou a casa mais incrível que existia. Ele se sentou orgulhosamente em seu trono e anunciou que todos os deuses deveriam reconhecê-lo como rei. Apenas um se recusou – seu irmão Mot, o deus da morte.

## BATALHA COM A MORTE

Agora Baal tinha outra batalha nas mãos. Mot, o terrível Senhor do Mundo Inferior, o arrastou para seu reino e o matou. Anat ficou arrasada. Ela arranhou a própria pele e lágrimas sem fim ensoparam seu rosto. Furiosa, disparou para o reino de Mot e o agarrou, gritando "Onde está meu irmão?". Mot respondeu que havia esmagado Baal em suas mandíbulas.

Desesperada e querendo vingança, Anat retalhou Mot com sua espada. Mas nem isso foi o suficiente – ela queria que ele virasse pó. Então, queimou seu corpo, moeu as cinzas e as espalhou pelos campos, para que ele nunca mais pudesse retornar. Quando Mot morreu, Baal voltou à vida. Anat não conseguia acreditar nesse milagre e correu para abraçar seu amado irmão, ainda coberto com o sangue de Mot. Como sinal de sua natureza sanguinolenta, a deusa é frequentemente descrita usando um colar de caveiras e uma saia feita de mãos humanas.

## MOLDANDO CRENÇAS

A habilidade de Anat de destruir pessoas – e às vezes até cidades inteiras – em um ataque de fúria mostra que ela sempre esteve associada à guerra e à batalha. Pontas de flechas antigas em que estão inscritas as palavras "Filho de Anat" foram descobertas, o que sugere que esse título era uma honra entre os guerreiros.

Apesar de ser mais conhecida pela sua conexão com a guerra, ela também é celebrada pelo seu oposto, a paz. Suas histórias se espalharam para o antigo Egito, onde o faraó Ramsés II deu a uma filha o nome de Bintanath, que significa "Filha de Anat", em sua homenagem. Esse segue sendo um nome popular em Israel. Atualmente, muitas pessoas estão pesquisando histórias e imagens dessa antiga deusa como um exemplo fascinante do passado de mulheres poderosas que eram capazes de lutar para conseguir o que queriam.

*Pedra com gravura de Anat, Egito, 1292-1189 a.C.*

# HEL
## Guardiã nórdica do Mundo Inferior

### A ESTRADA PARA HEL

Hel é a única filha do deus nórdico encrenqueiro Loki com a gigante Angrboda. Ela é guardiã do reino do Mundo Inferior (também chamado de Hel), e seus irmãos são a serpente do mundo, Jörmungandr, e o lobo Fenrir. Eles têm formas de animais, mas Hel é uma mulher humana de rosto feroz.

Temendo que os três filhos de Loki causassem problemas no futuro, o líder dos deuses, Odin, decidiu separá-los. Eles amarraram o lobo em fortes correntes e jogaram a serpente do mundo no mar, onde ela ficaria para sempre mordendo o próprio rabo e envolvendo o planeta. Odin deu a Hel uma tarefa importante: ela deveria fornecer um lar para todos aqueles que morressem de doença ou velhice.

Na época dos vikings, acreditava-se que o universo tinha nove reinos, todos localizados nos galhos de uma árvore sagrada, Yggdrasil. Os humanos viviam em Midgard, e os deuses, em Asgard. Os heróis festejariam eternamente no Valhala. Hel era a guardiã dos mortos que viviam em Niflheim, a terra de névoa e sombras.

Hel vive em Helheim, em uma enorme mansão onde inúmeros servos zumbis a tratam como a senhora dos mortos. Sua refeição é servida em um prato chamado "Fome" e sua faca é chamada "Avidez". Enquanto se banqueteia, aqueles ao seu redor passam necessidade.

**Guerra e morte**

No centro do reino de Hel, há uma fonte de água borbulhante e fervente, protegida por um dragão. Ela é a fonte de toda a vida, e tudo um dia retornará a ela. Todos os grandes rios nascem no reino de Hel, cercado por altos muros. Os portões de Niflheim são protegidos por um enorme cão manchado de sangue chamado Garm.

## SENHORA DOS MORTOS

Hel tem um papel importante na morte do heroico deus Baldr. Ele era o filho mais amado de Odin e Frigg. Quando ainda era pequeno, sua mãe sonhou que ele seria morto. Aterrorizada, ela lhe deu o poder de fazer com que qualquer objeto atirado contra ele simplesmente ricocheteasse de volta. Só que ela esqueceu de incluir o azevinho no feitiço. Um dia, os deuses estavam brincando de atirar mísseis para vê-los voarem para longe de Baldr, e Loki tentou algo diferente. Fez uma lança de azevinho, que ofereceu ao irmão cego de Baldr, dizendo-lhe para jogá-la no ar. Ela atingiu Baldr e o matou, e ele foi levado para o reino de Hel para viver entre os mortos.

Hel manteve o herói consigo, mas a mãe de Baldr não podia viver sem ele. Ela pediu a um de seus filhos que montasse no cavalo de oito patas de Odin e implorasse a Hel para devolver Baldr. Hel se encontrou com o mensageiro e ouviu o apelo da mãe desesperada. Ela refletiu bastante e fez uma promessa. Se todas as criaturas, vivas ou mortas, chorassem por Baldr juntas, ela o deixaria retornar. Mas se apenas uma pessoa se recusasse a chorar, ele ficaria com ela para sempre.

Enquanto todos choravam por seu deus perdido, uma mulher não derramou uma lágrima sequer. Seria Loki disfarçado? Assim, Hel conseguiu manter Baldr consigo. Ele não voltaria mais até o fim do mundo.

## MOLDANDO CRENÇAS

O nome "Hel" vem de uma antiga palavra nórdica que significa "cobrir", provavelmente uma referência ao gesto de enterrar o corpo após a morte. Você pode estar se perguntando se a palavra inglesa "*hell*" (inferno) tem origem no nome de seu reino mortal. Na verdade, as duas palavras têm significados bem diferentes: Hel é gelada e fria, enquanto o inferno é ardente e quente.

Hel é mais frequentemente associada aos mortos, e é por isso que ela é retratada meio viva, meio decadente, feito um cadáver. Seu reino não chega a ser particularmente agradável, mas também não é um lugar de tortura e horror – é o local onde todas as pessoas que não foram heróis nem guerreiros em vida acabam após a morte.

# RANGDA
### Rainha dos demônios e viúva-bruxa balinesa

## BRUXA E GUERREIRA

Na ilha indonésia de Bali, a maioria das pessoas pratica uma forma de hinduísmo que tem seus próprios deuses e deusas, que não são encontrados em nenhum outro lugar. Esse povo acredita em um conjunto de demônios verdadeiramente aterrorizantes, conhecidos como Leyak.

Essas criaturas caminham durante o dia sob a forma humana. Mas, à noite, os rostos medonhos ganham enormes olhos esbugalhados, presas gigantes e uma longa língua vermelha. A cabeça se separa do corpo, e eles arrastam as entranhas atrás de si, voando por aí em busca de vítimas.

Os Leyak têm sede de sangue humano, particularmente de mulheres grávidas e bebês recém-nascidos. Eles assombram cemitérios e se alimentam de cadáveres. Também podem mudar de forma e se transformar em animais, o que significa que é difícil descobri-los. A rainha Leyak é chamada de Rangda. Ela lidera todos os demônios e é tanto temida quanto cultuada. Não há dúvidas de que é uma deusa aterrorizante, com suas longas garras e cabelos bagunçados que chegam até sua cintura.

Rangda é parte importante das forças universais que muitos balineses acreditam vir do céu ou do Mundo Inferior. Juntas, essas forças formam um universo ordenado. Uma força sem a outra cria o caos, então elas precisam ser mantidas em equilíbrio por meio de rituais. A criatura mítica protetora Barong equilibra as forças destrutivas de Rangda. Ela pode ser protetora ou destrutiva, então Rangda não apenas causa problemas, mas também os remove.

**Guerra e morte**

Essa bruxa mágica conhecida como Rangda tem suas raízes em mulheres reais do passado. Uma história conta que mil anos atrás havia uma princesa chamada Mahendradatta. Seu marido, o rei, descobriu que ela estava praticando magia negra e a mandou para a selva, onde ela se tornou amarga e ranzinza. Quando o rei morreu, Mahendradatta ficou viúva – daí a origem do nome "Rangda", que significa "viúva" no antigo balinês.

Seu filho Airlangga tornou-se rei, mas deixou a mãe definhando sozinha na mata. Ela queria vingança contra ele e contra as pessoas que a tinham exilado, então convocou todos os demônios da selva, os Leyaks e os espíritos que causavam doenças, e enviou uma praga sobre o reino. Metade da população do país morreu.

Até que o rei Airlangga chamou o protetor Barong, também conhecido como o Grande Senhor, e houve uma batalha épica. Desde então, essa mulher histórica, Mahendradatta, está associada a Rangda, por ser uma bruxa viúva e por controlar um exército de demônios.

## MÃE MÁGICA

Uma versão diferente da história também envolve a perigosa viúva, dessa vez conhecida como Calon Arang. Ela era praticante de magia negra e tinha uma filha muito bonita. Todos em sua aldeia sentiam tanto medo dela que ninguém queria se casar com sua filha, o que deixava Calon Arang muito brava.

Para punir os aldeões, ela levou uma de suas jovens filhas ao cemitério para sacrificá-la e lançar uma maldição. Primeiro, uma inundação destruiu a aldeia, e os que sobreviveram adoeceram e morreram. Calon Arang causou estragos com um pergaminho mágico que lhe conferia um incrível poder.

*Máscara de madeira de Rangda, Bali, cerca de 1950*

Exércitos foram enviados para derrotá-la, mas ela era poderosa demais. Até que o rei entendeu que Calon Arang só ficaria feliz se alguém digno se casasse com sua filha, então organizou um casamento com seu belo e corajoso conselheiro.

Exausta após sete dias e sete noites de celebrações, Calon Arang caiu em um sono profundo. Então, seu genro entrou às escondidas em seu quarto e roubou o pergaminho mágico. Calon Arang ficou vulnerável e, após uma batalha feroz, acabou morrendo.

## MOLDANDO CRENÇAS

Alguns templos de Bali têm máscaras e fantasias de Rangda, usadas durante determinados festivais religiosos. Como parte do ritual para manter as forças opostas equilibradas – noite e dia, vida e morte, felicidade e tristeza –, as pessoas encenam a batalha épica entre Rangda e Barong. Essa encenação varia nas diferentes regiões da ilha, mas o resultado é sempre um empate – ninguém ganha ou perde, e um só pode existir ao lado do outro.

# MEDUSA
### Demônio de cabelo de cobra e olhos mortais

## PUNIÇÃO E VINGANÇA

Pessoas contam histórias da Medusa há mais de 2 mil anos. Com serpentes no cabelo e um olhar perigoso e afiado que transformava os outros em pedra, ela é lembrada como o demônio maligno que foi decapitado pelo antigo herói grego Perseu.

Medusa era uma das três irmãs míticas conhecidas como as Górgonas. As outras duas, Esteno e Euríale, eram imortais, o que significava que Medusa era a única que poderia ser morta. Uma de suas histórias conta que ela era uma bela mulher que se tornou terrível quando Atena a amaldiçoou. Atena ficou furiosa porque o deus do mar, Poseidon, havia seduzido Medusa em um de seus santuários sagrados. Considerando a atitude desrespeitosa, Atena transformou a jovem donzela em um monstro, como punição.

## MONSTRO E ESPELHO

A história da dramática morte de Medusa é uma das mais famosas e emocionantes de toda a mitologia grega. Tudo começou com o rei Polidectes, que queria se casar com a mãe de Perseu, Dânae. Como sabia que Perseu faria qualquer coisa para proteger a mãe, ele elaborou um plano para enviar o herói para longe e assim lançou a Perseu o desafio de lhe trazer a cabeça de Medusa – uma missão impossível.

Mas, sendo atrevido e orgulhoso, Perseu concordou. Em seu caminho, ele contou com a ajuda dos deuses e deusas. Hermes, o deus das viagens, o presenteou com um par de sandálias aladas e douradas. Hades, o deus do Mundo Inferior, o presenteou com um capacete de invisibilidade. Hefesto, o deus dos ferreiros, o presenteou com uma espada, e Atena, ainda cheia de ódio por Medusa, o presenteou com um escudo espelhado.

Guerra e morte

Perseu encontrou Medusa dormindo em uma caverna. Ele estava com o capacete e as sandálias aladas, de modo que poderia fugir rapidamente. Com o escudo espelhado, podia ver para onde ia sem ter de encarar o olhar mortal de Medusa. Ele chegou o mais perto que pôde e então atacou com sua espada. Com apenas um golpe, a cabeça do monstro de cabelos de cobra caiu no chão. Só que algo inesperado aconteceu. Ninguém sabia que Medusa estava grávida e, quando ela morreu, o filho de Poseidon – um cavalo alado chamado Pégaso – saiu voando de seu pescoço.

Perseu colocou a cabeça de Medusa em uma bolsa e fugiu, perseguido pelas irmãs dela. Mas o poder de Medusa continuou muito depois de sua morte. Em sua jornada, Perseu parou para resgatar uma bela mulher chamada Andrômeda de uma perigosa serpente marinha. Depois de lutar bravamente contra o monstro, ele retirou a cabeça de Medusa da bolsa. Seu sangue transformou a alga em pedra e formou os corais vermelhos do mar.

*Cabeça de bronze de Medusa, Itália, cerca de 75-50 a.C.*

Seguindo com suas viagens, ele parou para pedir comida ao gigante Atlas. Este disse que não tinha nada. Então, com raiva, Perseu mais uma vez sacou a cabeça de Medusa e a exibiu para ele. Atlas se transformou em uma montanha no mesmo instante. Sua barba e seu cabelo se transformaram em florestas, seus ombros, em penhascos e seus ossos em pedra. Essa lenda explica a formação da enorme Cordilheira do Atlas, que se estende pelo norte da África.

## MOLDANDO CRENÇAS

Ora Medusa é retratada como uma bela mulher, ora como um monstro demoníaco, com presas de javali, uma enorme língua dependurada e até uma barba eriçada. Mas duas coisas nunca mudam: seu cabelo retorcido de cobra venenosa e seus olhos arregalados que transformam coisas em pedra. Na Grécia antiga, imagens de Medusa eram colocadas do lado de fora das casas para proteger os moradores do perigo. Então, apesar de sua morte terrível, ela também desempenhou importante papel como guardiã. E o que foi que aconteceu com sua cabeça decepada? Bem, Atena a colocou no centro de seu peitoral, é claro.

# KALI

Deusa hindu do tempo, da criação e da destruição

## VIAJANTE DO TEMPO

Kali é conhecida por muitos nomes, como "Aquela que é a morte", "A origem e a devoradora de todas as coisas" e "A força do tempo". Ela é uma guerreira: se realiza no campo de batalha, carregando suas armas medonhas, decapitando demônios e derrotando as forças do caos. Os hindus acreditam que o universo é criado e recriado várias vezes. Estamos vivendo na Era de Kali – Kali é o tempo. Existem diferentes versões que explicam como ela surgiu, mas todas contam que seu nascimento foi incomum. Na maioria das lendas, ela sai da testa da deusa guerreira Durga (ver páginas 26-27).

Uma história conta que Durga lutou contra dois terríveis demônios, Chanda e Munda. Cavalgando para a batalha em um leão, Durga ficou tão zangada com os demônios que sua raiva incontrolável explodiu de sua cabeça na forma de uma figura negra, magra e aterrorizante: Kali.

Ninguém podia superar a força ou o poder feroz de Kali. Assim, ela soltou um grito capaz de fazer o sangue congelar e derrotou os dois demônios, decepando-os. Ela entregou a cabeça deles a Durga e venceu a batalha.

## DEVORADORA DA MORTE

Em outro conto, os deuses e as deusas estavam lutando contra um perigoso inimigo chamado Raktabija. Eles estavam perdendo e a vitória parecia impossível, porque cada gota do sangue de Raktabija que tocava o chão fazia surgir outro demônio em seu lugar. O terrível exército não pararia de crescer se Kali, destruidora do mal, não aparecesse no campo de batalha.

Ela colocou para fora sua enorme língua vermelha, capturando as gotas de sangue antes que atingissem a terra. Depois, engoliu Raktabija e seu exército de demônios e dançou descontroladamente para comemorar. Essas histórias podem fazer Kali parecer assustadora, mas, apesar de estar conectada com a morte e a destruição, ela também representa a vida e o amor.

Kali tem uma relação importante com o deus Shiva. Ele é a calmaria para a tempestade dela. Ela é selvagem, impetuosa, e representa as energias femininas que movem o universo, conhecidas como Shakti. Já ele é pacífico e quieto. Quando começou a dançar de alegria após a batalha, Kali quase matou Shiva ao pisar em seu peito. Mas ele conseguiu acalmá-la.

No entanto, um não pode existir sem o outro. Juntos, eles mostram a importante relação entre a ação energética e o pensamento gentil necessários para manter o equilíbrio no universo. Assim como o mundo complexo que ela representa, Kali tem um lado bonito e bondoso, e outro perigoso e destrutivo.

*Figura de pedra de Kali, Índia, 1700*

## MOLDANDO CRENÇAS

Kali tem a pele negra, que às vezes também pode ser azul, e quatro braços que seguram armas e a cabeça daqueles que derrotou. Ela costuma ser retratada nua ou com uma saia feita de braços humanos. Usa um colar de caveiras, que representa todas as coisas que destruiu em sua busca para alcançar o estado espiritual mais elevado – elas não são apenas cabeças de pessoas mortas em batalha, mas um sinal de que ela atingiu uma compreensão mais profunda da vida. Kali é uma das deusas hindus mais importantes porque é vista como a mãe do universo. Na verdade, ela é o próprio universo, o ciclo interminável do tempo – a vida, a morte e tudo o que há de maravilhoso e aterrorizante nele.

Guerra e morte

# MARIA

A mulher mais importante do cristianismo e do islamismo

## SANTO NASCIMENTO

Há centenas de anos, Maria tem sido venerada em todo o mundo como uma das mulheres mais importantes, embora as histórias a seu respeito variem, dependendo se estão sendo contadas por cristãos ou por muçulmanos. No cristianismo, muitas pessoas acreditam que ela tem poderes milagrosos de cura e que seu filho é Jesus, o filho de Deus. Sendo sua mãe, Maria é considerada a mais sagrada das mulheres e é conhecida por muitos nomes, entre eles "Sempre pura", "Nossa Senhora" e "Rainha do Céu". No islã, ela é chamada de Maryam, "Tahira" ou "Pura de coração", e seu filho é o profeta Isa – que a paz esteja com ele –, um dos mensageiros de Deus.

A vida de Maria, segundo os registros cristãos, começou com seus pais, Joaquim e Ana. Eles estavam tendo dificuldades para ter um bebê. Um dia, um anjo surgiu miraculosamente e disse que eles teriam uma filha que seria conhecida por toda a terra. Daquele momento em diante, eles souberam que Maria seria especial.

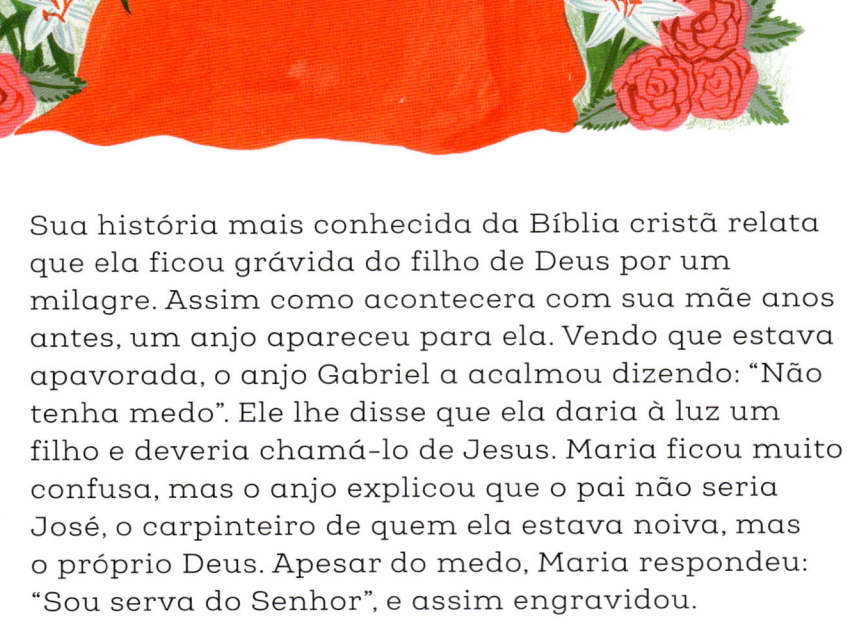

*Ilustração baseada em crenças cristãs*

Sua história mais conhecida da Bíblia cristã relata que ela ficou grávida do filho de Deus por um milagre. Assim como acontecera com sua mãe anos antes, um anjo apareceu para ela. Vendo que estava apavorada, o anjo Gabriel a acalmou dizendo: "Não tenha medo". Ele lhe disse que ela daria à luz um filho e deveria chamá-lo de Jesus. Maria ficou muito confusa, mas o anjo explicou que o pai não seria José, o carpinteiro de quem ela estava noiva, mas o próprio Deus. Apesar do medo, Maria respondeu: "Sou serva do Senhor", e assim engravidou.

## PROCURANDO SEGURANÇA

A vida deve ter sido muito assustadora para Maria. Ela ainda não era casada com José, e de repente, estava grávida. José logo descobriu sobre o bebê e até pensou em terminar o relacionamento discretamente. Mas outro anjo o visitou em um sonho e lhe disse que eles deveriam ficar juntos. As coisas não seriam fáceis. O imperador Augusto faria um censo, o que significava que José tinha de voltar para sua cidade natal a fim de se registrar. Assim, eles partiram em uma longa jornada pelo país. Grávida, pobre e assustada, Maria seguiu montada em um jumento até Belém, onde em um estábulo deu à luz Jesus. No islã, a história é semelhante, só que Maria faz a viagem com seu tio e dá à luz ao lado de uma palmeira, da qual comeu algumas tâmaras frescas para ajudar a aliviar a dor.

Enquanto isso, o rei Herodes ouvia uma profecia preocupante. A mensagem dizia que agora havia um bebê em sua cidade que um dia teria mais poder que ele. Para se livrar desse perigo, ele ordenou que todos os recém-nascidos fossem mortos. Enviou soldados pelas ruas, que arrancaram bebês chorando dos braços das mães.

Para proteger seu filho, Maria e José fugiram para o Egito e só voltaram para casa quando tiveram certeza de que estariam seguros.

*Ícone da Virgem Maria com a criança, Rússia, 1820-1830*

## MOLDANDO CRENÇAS

O amor protetor que Maria sentia pelo filho sempre inspirou artistas. No cristianismo, ela é em geral retratada como uma mãe forte e carinhosa ninando o menino Jesus, mas também é mostrada esmagando o mal sob os pés. Ao trazer seu filho ao mundo, Maria tornou-se um símbolo da Igreja, e as pessoas rezam para ela como uma forma de falar com Deus e com Jesus sobre seus problemas. Em todo o mundo, há muitos relatos de Maria visitando seus fiéis. Em 1858, na cidade de Lourdes, no sul da França, uma jovem pobre chamada Bernadette estava coletando lenha quando Maria miraculosamente apareceu.

*Estátua de marfim de Maria com seu filho, França, 1325-1350*

Ela havia sido enviada como uma mensageira de Deus, então um importante santuário foi construído e cerimônias de cura começaram a acontecer. Dessa forma, as pessoas podiam se comunicar com Deus.

Celebrada tanto no cristianismo quanto no islamismo, fiéis viajam de longe para visitar seus santuários. Para os cristãos, Maria protege os pobres, os fracos e os vulneráveis. Para os muçulmanos, sua história de dificuldades inspira amor, compaixão e proteção em tempos de necessidade.

**Amor e sabedoria**

# KUAN YIN
## Deusa budista da bondade e da misericórdia

### MIL OLHOS, MIL BRAÇOS

Considerada uma das deusas mais importantes da China, Kuan Yin protege aqueles que a seguem contra incêndios, inundações, tempestades, prisões, ataques de animais e demônios. Ela liberta as pessoas do medo e da raiva, e pode atender pedidos de mulheres que desejam ter filhos. Como é capaz de ouvir os clamores dos necessitados, seu nome significa "aquela que percebe os sons do mundo". Budista dedicada, Kuan Yin alcançou o estado de iluminação – o estado espiritual mais elevado. Isso significava que ela podia deixar para trás o ciclo interminável de morte e renascimento conhecido como samsara. Podendo escolher, Kuan Yin optou por permanecer na terra para ajudar os outros a alcançarem a iluminação.

Em uma história, Kuan Yin prometeu nunca descansar até libertar todos os humanos da reencarnação – quando o espírito do morto retorna à vida em outro corpo. Ela escutava os gritos de socorro com gentileza, mas eram tantos ao mesmo tempo que ela tinha dificuldade para ouvir todos. O barulho ensurdecedor acabou dividindo sua cabeça em onze pedaços. O Buda Amitaba, o grande salvador, percebeu que ela estava tentando fazer o bem, então lhe deu um presente: mil olhos para cuidar de todas as pessoas em sofrimento.

*Figura de bronze de Kuan Yin, China*

Depois, ouvindo inúmeros apelos desesperados, Kuan Yin tentou estender seus braços amorosos para cada uma das pessoas. Mas logo ficou exausta, e seus braços também se despedaçaram. Mais uma vez, Amitaba veio em seu socorro. E lhe deu mil braços para que ela pudesse oferecer ajuda sempre que fosse necessário.

## MESTRE DOS MISTÉRIOS

Outra história conta como Kuan Yin encontrou seu fiel seguidor, Shancai. Ela estava escondida na ilha rochosa de P'u-t'o quando um jovem deficiente ouviu que uma misteriosa mestra poderia ajudá-lo a aprender as regras e a sabedoria budistas.

Apesar de ter enfrentado uma jornada muito difícil, Shancai perseverou e enfim encontrou Kuan Yin em uma ilha no meio do mar. Depois de conversar com o garoto, ela decidiu colocá-lo à prova. Rápida como um relâmpago, ela conjurou três piratas furiosos agitando suas espadas, que avançaram pela água e tentaram atacar Kuan Yin.

Shancai ficou olhando as três figuras que perseguiam sua amada mestra. Ele não conseguia correr, mas tinha de encontrar alguma forma de ajudar Kuan Yin. Então, se arrastou até a beira do penhasco e se jogou para poder alcançá-la. De repente, no meio da queda, ele parou no ar. Kuan Yin decidiu que ele havia passado no teste de lealdade e estava feliz por aceitá-lo como seu aluno e ensinar-lhe seus segredos. Como recompensa, ela o ajudou a andar novamente e, a partir de então, Shancai nunca mais saiu do seu lado.

## MOLDANDO CRENÇAS

Kuan Yin é uma mestra gentil e amorosa, que sempre fornece apoio e sabedoria para aqueles que precisam. Seu mantra é "om mani padme hum", que significa "a joia está no lótus". Ela costuma ser retratada de branco, emergindo de uma flor de lótus, que simboliza sua grande sabedoria. Kuan Yin se comprometeu a ensinar o budismo a seus seguidores sob qualquer forma – de homem, mulher, rei, pobre, até mesmo de dragão. Ela é incrivelmente popular em toda a Ásia, e sua imagem aparece em muitas casas e espaços públicos, oferecendo proteção e amor a todos aqueles sob seus cuidados. Está associada ao vegetarianismo por conta de sua compaixão por todas as coisas vivas e é vista como uma guardiã e guia calma e gentil.

Amor e sabedoria

# ÍSIS

**Antiga mãe e maga egípcia, a mais sábia das mulheres**

*Égide de bronze de Ísis, Egito, cerca de 664-332 a.C.*

## VINGANÇA DE IRMÃO

De todas as deusas egípcias, Ísis é uma das mais antigas e conhecidas. Ela veio de uma família muito poderosa – seu pai era Geb, o deus da terra, e sua mãe era Nut, a deusa do céu (ver páginas 14-15). Mas Ísis foi importante por si mesma. Uma das histórias egípcias mais famosas descreve seu amor pelo marido e irmão, Osíris, assim como o nascimento de seu filho Hórus, o deus dos reis com cabeça de falcão.

Ísis e Osíris tinham uma relação muito especial. Deus da vida e da morte, ele governava o Egito de forma justa, tendo Ísis como sua rainha. Ele representava o controle, levando ordem às suas terras, enquanto seu irmão, Set, representava o caos. Set tinha ciúmes do poder do irmão e decidiu elaborar um plano contra ele. Tomou as medidas do corpo de Osíris em segredo e mandou fazer um lindo baú de madeira. Depois, convidou todos os deuses para um grande banquete, dizendo que quem coubesse dentro do baú poderia ficar com ele. Cada um dos deuses tentou, mas apenas Osíris se encaixou perfeitamente. Com Osíris lá dentro, Set fechou a tampa e a trancou para que o irmão ficasse preso. Depois de ser jogado no rio Nilo e levado para o mar, Osíris acabou se afogando. Mas isso não foi suficiente para Set. Ele cortou o corpo do irmão em 42 pedaços e os espalhou por todo o reino do Egito.

## AMOR E MAGIA

Ísis ficou com tanta saudade de Osíris que encheu o Nilo com suas lágrimas, inundando as margens do rio. Ela procurou as partes do corpo dele em todos os lugares e, seguindo um mapa dado pelo deus da sabedoria, Toth, finalmente reuniu todos os pedaços. Então, montou o corpo dele com amor, tornando-se a primeira embalsamadora do Egito, e seu marido a primeira múmia. Só que ela ainda precisava recuperar a alma dele da terra dos mortos. Ísis enviou uma mensagem secreta para sua irmã, Néftis, e as duas foram ao templo de Osíris para lançar poderosos feitiços de cura. Sua magia trouxe Osíris de volta à vida e Ísis ficou grávida de seu herdeiro, Hórus.

Amor e sabedoria

No entanto, Set ainda queria o controle do Egito. Ísis sabia que ele representava um perigo para o filho, então fugiu para dar à luz Hórus, escondendo-se nos pântanos de papiro do Nilo. Enquanto Hórus crescia, Ísis teve de protegê-lo de seu tio raivoso disfarçando-se de humana.

De vez em quando, ela viajava com seus guardas, e há uma história que conta que sete terríveis deuses escorpiões a protegiam. Quando uma mulher rica se recusou a ajudar Ísis, os deuses escorpiões ficaram furiosos e picaram o filho dela. Sentindo pena do menino inocente, Ísis o curou e ganhou a reputação de ser uma deusa gentil e carinhosa que ajudava os humanos.

Em outro conto, Ísis enganou Rá, o mais importante deus-sol, para que ele lhe contasse seu "nome secreto". Ela criou uma cobra mágica de barro, deu-lhe vida e ordenou que ela mordesse Rá. O veneno quase o matou, e apenas Ísis podia fornecer a cura. Então, ela disse que só o ajudaria se ele revelasse seu verdadeiro nome, porque isso daria a ela e a Hórus um poder incrível. Rá enfim cedeu, e Ísis conseguiu ganhar influência sobre os deuses.

## MOLDANDO CRENÇAS

As pessoas acreditavam que, depois de descobrir o nome secreto de Rá, Ísis se tornara a maga mais poderosa que existia. Como curandeira dos doentes, protetora dos pobres e guardiã do povo, ela foi cultuada em toda parte. Templos foram construídos em sua homenagem em todo o mundo antigo, da Grã-Bretanha ao mar Negro. Ela era tão popular porque representava muitos aspectos da feminilidade: era a mãe ideal, a esposa amorosa, a rainha confiante. E porque usava seus poderes mágicos de cura para controlar a própria essência da vida e da morte.

# HÉCATE

Antiga deusa grega da proteção e do mundo espiritual

## ACIMA DO SOLO, ABAIXO DO SOLO

Não se sabe muito sobre a misteriosa deusa grega Hécate. O que sabemos é que ela está sempre mudando e assumindo novas formas. Ela costuma ser retratada como uma deusa tripla – três versões de si mesma em um único espírito. Seus poderes sobre a terra, o mar e os céus lhe foram conferidos por seus pais, Perses, o deus titã da guerra, e Astéria, a titã das estrelas.

Hécate era especialmente cultuada por Zeus, líder dos deuses, e em geral é mostrada com seus símbolos – uma tocha para iluminar o caminho, uma adaga para proteger os viajantes e uma corda ou chave para abrir portas. Ela se movia livremente entre a terra e o Mundo Inferior, por isso as pessoas colocavam estátuas dela nas encruzilhadas ou na entrada das casas para lhes trazer boa sorte enquanto se deslocavam de um lugar para outro.

Hécate é a deusa que guia as pessoas pela vida, mostrando-lhes o caminho. Seu cachorro preto era seu fiel companheiro. Um dos mitos conta que o animal na verdade é a rainha troiana Hécuba, que enlouqueceu depois de ver seus filhos morrerem na guerra. Maluca de tristeza, ela começou a uivar e a latir, até que finalmente pulou no mar e os deuses a transformaram. A partir de então, as pessoas acreditavam que sempre que Hécate estivesse por perto ouviriam o trágico uivo de seu cachorro.

**Amor e sabedoria**

## GUIA E PORTADORA DA TOCHA

Hécate desempenha papel importante em uma história famosa, em que ela ajuda a salvar Perséfone, a filha de Zeus, do domínio de Hades, o deus do Mundo Inferior. Hades se apaixonou por Perséfone e queria se casar com ela. Um dia, enquanto Perséfone estava andando pelos campos, o chão de repente se abriu. Hades emergiu em uma carruagem puxada por cavalos e agarrou Perséfone, levando-a para seu reino e a reivindicando como sua esposa.

Enquanto a mãe de Perséfone, Deméter, tentava desesperadamente descobrir o que havia acontecido, Hécate soube que poderia ajudar. Ela tinha ouvido tudo. Então, levou Deméter para Hélio, o deus-sol. Ele tinha visto tudo. Graças a Hécate e a Hélio, Deméter ficou sabendo da verdade e para onde sua filha havia sido levada. Perséfone não tinha permissão para comer na Terra dos Mortos, mas acabou cedendo à fome e engoliu seis sementes de romã. Isso foi o suficiente para Hades mantê-la presa com ele por seis meses durante o inverno – um mês para cada semente.

Felizmente, quando a primavera chegou, Perséfone foi por fim libertada do Mundo Inferior e Hécate tornou-se sua fiel companheira, guiando-a com tochas e chaves em sua jornada entre os dois mundos.

## MOLDANDO CRENÇAS

Hécate às vezes é vista como assustadora por causa de sua companheira canina e de suas três formas, mas seu papel em geral é de orientação, proteção e iluminação. Ela é extremamente poderosa, capaz de trazer sucesso ou fracasso, mas não é uma deusa terrível nem perversa.

Hécate ainda é popular entre os pagãos modernos e na Wicca, pois é cultuada como uma deusa da bruxaria. Ela está associada a plantas venenosas e árvores da morte, e seu nome pode ser encontrado com frequência em feitiços em antigas tábuas de maldição. Misteriosa, mágica, feita de sombras e luz, Hécate é uma deusa que pode tanto fornecer proteção quanto causar destruição.

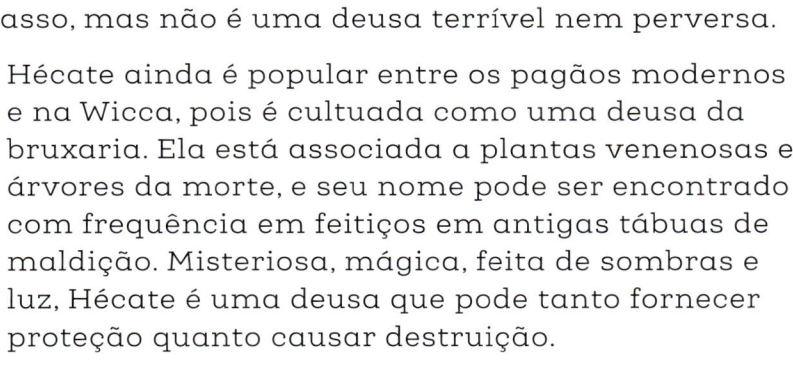

*Estátua de mármore de Hécate, Diana e Selene, Roma, 161-200 d.C.*

# SARASVATI
### Deusa hindu do aprendizado e das artes

## CORRENTE DE ÁGUA E DE PALAVRAS

Sarasvati é uma das deusas mais antigas e importantes da religião hindu. Ela representa a sabedoria, a fala, a música, a arte e a inspiração. Também dizem que inventou o sânscrito, a língua que está no coração da fé hindu.

Ela é associada ao deus da criação, Brahma. Uma de suas histórias conta que, ao dar vida ao universo, Brahma percebeu que tudo estava desordenado e caótico. Então, criou o conhecimento para trazer ordem e beleza. Sarasvati – a forma física do conhecimento – surgiu de sua boca instantaneamente e começou a lhe dizer como fazer o sol, a lua e as estrelas. Juntos, eles criaram os oceanos, as montanhas e as mudanças de estação.

*Figura de pedra de Sarasvati, Índia, 1100*

Desde os primeiros contos (alguns com mais de 2 mil anos), Sarasvati aparece conectada a um poderoso e antigo rio. Nessas histórias, a deusa assumiu as características de uma poderosa torrente de água, rugindo de energia como um touro e bufando como um javali. Ela irrompe pelas encostas das montanhas ao encontro do oceano, cheia de vida. Como um rio capaz de dar vida àqueles que o respeitam, a deusa pode fornecer tudo, desde um novo bebê até o dom do conhecimento.

**Amor e sabedoria**

## VIRANDO CABEÇAS

Quando Brahma viu Sarasvati pela primeira vez, ficou encantado por sua beleza. Ele teve vergonha da intensidade de sua admiração e não queria que seus filhos o vissem seguindo-a com os olhos. A deusa caminhou a seu redor enquanto ele lutava para permanecer parado. Quando ela foi para um lado, ele desejou tanto olhar para ela que outro rosto apareceu. Quando ela se moveu para trás, outro rosto surgiu na sua nuca. Assustada com tanta atenção, Sarasvati tentou fugir voando, mas uma quarta cabeça apareceu acima da cabeça de Brahma. Assim, Brahma é sempre retratado com quatro cabeças, porque ele simplesmente tinha de apreciar a beleza de Sarasvati. Juntos, eles tiveram um filho – o primeiro homem, Manu. O papel de Sarasvati como mãe e protetora das mães é outra razão pela qual ela é tão importante.

## MOLDANDO CRENÇAS

Na Índia, durante o festival de primavera de Sarasvati, os fiéis usam amarelo e as crianças são ensinadas a escrever pela primeira vez. As pessoas também rezam para ela pedindo bênçãos para seus livros e instrumentos musicais, ou antes de exames.

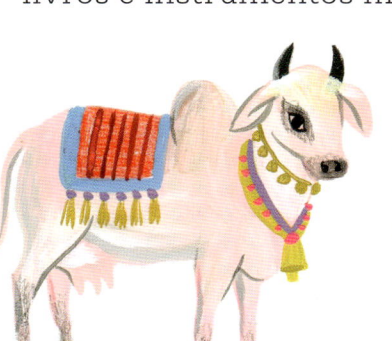

Sarasvati às vezes é descrita como uma vaca, nutrindo seus adoradores com o leite da criatividade, ou como um rio fluindo inspiração. Assim, ela é mãe, rio e sabedoria, tudo ao mesmo tempo.

Os hindus ainda consideram os rios sagrados, e tomar banho no rio Ganges, que corre das montanhas do Himalaia até o mar, continua sendo um ritual importante. A água traz vida, saúde, força e pureza, o que significa que Sarasvati também pode oferecer esses presentes. Na arte, ela está associada à cor branca, simbolizando a verdade e a luz. É comum que seja acompanhada por outras coisas brancas, como um ganso real e flores de lótus.

Sarasvati é uma deusa incrivelmente bela com seus quatro braços – dois tocam seu instrumento musical, a *veena*, enquanto os outros seguram um livro de antigas histórias hindus e contas para rezar. Ela é elegante, sábia e complexa e inspira os hindus de todo o mundo a criar, pensar e escrever.

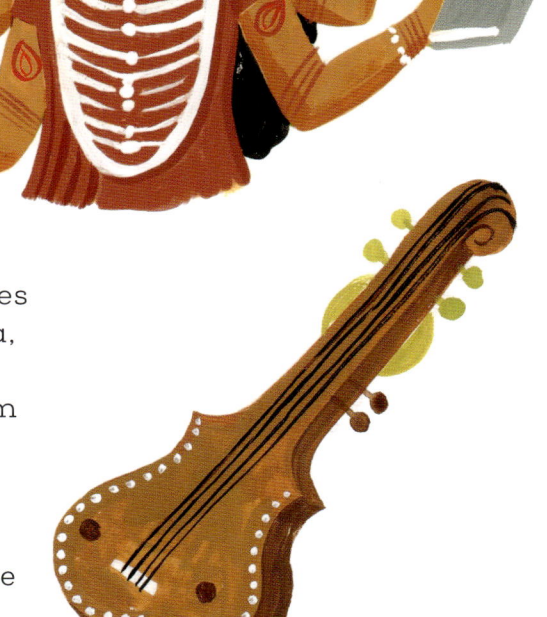

# TARA

### Mãe budista da compaixão e da sabedoria

## NASCIDA DAS LÁGRIMAS

Tara é uma das deusas mais importantes do budismo, adorada no mundo todo. Ela é o foco da meditação, ajudando as pessoas a entenderem qualidades como compaixão, vacuidade e bondade amorosa. Ela tem diversos nomes e várias maneiras de ser homenageada por trazer amor, orientação e apoio à humanidade.

Tara nasceu das lágrimas de Avalokiteshvara, o "Senhor que contempla o mundo". Em uma história, ele estava sentado pacificamente no topo da Colina Vermelha, quando viu centenas de pessoas sofrendo de sede e de fome na Planície do Leite. Ele ficou tão triste ao ouvir seus pedidos de ajuda que as tristezas do mundo o dominaram e ele começou a chorar incontrolavelmente, formando um lago de lágrimas. No centro do lago, uma flor de lótus desabrochou e Tara emergiu. Ela nasceu da empatia e da tristeza.

Amor e sabedoria

## ETERNAMENTE FEMININA

Outra história sobre as origens de Tara diz que ela foi primeiro uma princesa chamada Yeshe Dawa, que significa "Lua Sábia". Lua Sábia alcançou grande sabedoria por meio dos ensinamentos budistas de Tonyo Drupa. Ela estava perto da iluminação e teve a chance de renascer como um Buda quando um monge lhe disse que, para atingir seu verdadeiro potencial, ela deveria rezar para renascer como homem. Lua Sábia virou-se para o monge e respondeu: "Apenas pessoas de mente fraca veem o gênero como uma barreira para alcançar a iluminação".

Então, ela fez uma promessa para o futuro e disse: "É verdade que poucos quiseram ajudar os humanos a alcançar a iluminação na forma de mulher. Desenvolvi minha sabedoria como mulher. Assim, em cada uma das minhas vidas ao longo da minha jornada, prometo renascer como mulher". Depois disso, ela entrou em estado de meditação por 10 milhões de anos e, durante todo esse tempo, salvou 10 milhões de almas. Ela voltou de repetidas vezes como mulher para ajudar as pessoas necessitadas.

## MOLDANDO CRENÇAS

Tara pode assumir diferentes formas, dependendo do que as pessoas precisam. Essas formas têm nomes e frases diversas, que os adoradores usam para obter seu auxílio. Ela é a "Estrela do Norte", que mostra o caminho e ajuda as pessoas a navegar nas águas tempestuosas da dúvida ou da ansiedade. Em uma oração, ela é serenidade, paciência e meditação, enquanto em outra pode esmagar mundos sob os pés, sendo capaz de convocar todo o poder para si.

A deusa também é retratada em cores variadas. Como Tara Verde, ela pode protegê-la contra todas as coisas que mais a assustam, acabando com seus pesadelos e medos. Como Tara Branca, pode trazer vida longa, libertar de doenças e mantê-la calma. É comum que ela seja retratada sentada em sua flor de lótus, de pernas cruzadas e com um pé voltado para a frente, como se estivesse pronta para entrar em ação.

Aqueles que rezam para a deusa costumam usar um mantra que pode ser traduzido como "Om! Salve Tara (em seus papéis como salvadora)!" O fato de Tara insistir em permanecer na forma feminina é algo a que mulheres e meninas de todos os lugares podem se agarrar. Ela continua sendo uma fonte de força e inspiração para mulheres e homens em todo o mundo.

*Figura de cobre de Tara, Nepal, 1000-1200*

# CHANG'E
### Deusa chinesa da lua

## MARIDO HEROICO

Chang'e, uma deusa muito popular na China, é frequentemente retratada na lua ou segurando o astro. As histórias dizem que ela tomou o elixir da vida eterna para impedir que ele fosse roubado de seu marido. Ela fugiu para a lua, tendo um coelho mágico como seu único companheiro. O coelho vive moendo o elixir em um almofariz para manter a deusa com ele por toda a eternidade.

Antes que ela fosse para a lua, seu marido, Hou Yi, era o maior arqueiro de todos os tempos. Uma história famosa conta que dez sóis – os netos do Imperador de Jade – orbitavam o céu e queimavam a terra. Imagine o calor do sol multiplicado por dez!

Isso levou o mundo ao caos completo: colheitas foram queimadas, pessoas, destruídas e, vendo o mundo em tal desordem, muitas criaturas sombrias e malignas começaram a vagar por ele. Hou Yi implorou ao Imperador de Jade para deixá-lo lidar com os sóis, mas ele amava os netos e não queria que eles fossem derrubados. O imperador então chamou os sóis, mas eles estavam rindo tão alto que não conseguiram ouvi-lo. Por fim, ele acabou dando permissão a Hou Yi para salvar a humanidade. Hou Yi disparou nove flechas com seu poderoso arco e nove sóis caíram do céu.

*Estátua de pedra de Chang'e no Templo de Kuan Yin, na Malásia*

## BEBENDO VIDA ETERNA

Como recompensa por salvar a humanidade, a esposa do Imperador de Jade deu a Hou Yi uma garrafa que continha uma poção mágica. Ao bebê-la, ele poderia se tornar imortal e ir para o palácio celestial como um deus. Porém, ele ficou preocupado, porque sabia que isso significaria abandonar sua amada esposa Chang'e. Então, Hou Yi escondeu a garrafa.

Até que, um dia, seu aprendiz invadiu a casa deles e tentou forçar Chang'e a lhe dar a poção. Ela se recusou. Ela sabia que não podia entregar o presente da vida eterna ao jovem, e assim decidiu ela mesma beber o conteúdo da garrafa.

A poção a transformou em uma deusa. Enquanto flutuava na direção dos céus, ela escolheu a lua como seu lar. Dessa forma, ela ainda poderia estar perto do marido que tanto amava.

Quando descobriu que Chang'e tinha bebido o elixir, Hou Yi pensou que ela o havia traído e agiu como se fosse uma ladra. Ele apontou uma flecha para a lua, mas não foi capaz de atirar na esposa. Até que se acalmou e quis ver Chang'e novamente. Para deixá-la com vontade de voltar para casa, espalhou suas sobremesas favoritas durante a noite, e essa tradição continua ainda hoje como parte do Festival do Meio Outono.

## MOLDANDO CRENÇAS

Todos os anos, no décimo quinto dia do oitavo mês lunar, as pessoas oferecem doces e bolos em forma de lua em memória de Chang'e e para celebrar a lua da grande colheita. Esse evento é conhecido como Zhongqui Jie, ou o Festival do Meio Outono. Acredita-se que as oferendas trazem boa sorte e felicidade para o ano. Os chineses também trocam bolos lunares com amigos e vizinhos e observam a lua para ver se conseguem distinguir o contorno da deusa em sua superfície.

Apesar de Chang'e estar associada à lua, ela não a representa. Vive ali como uma mulher imortal, e é essa conexão que é celebrada hoje em dia. Aliás, o Programa Chinês de Exploração Lunar, que está tentando entender melhor a superfície do satélite, é chamado de Chang'e, em homenagem à deusa.

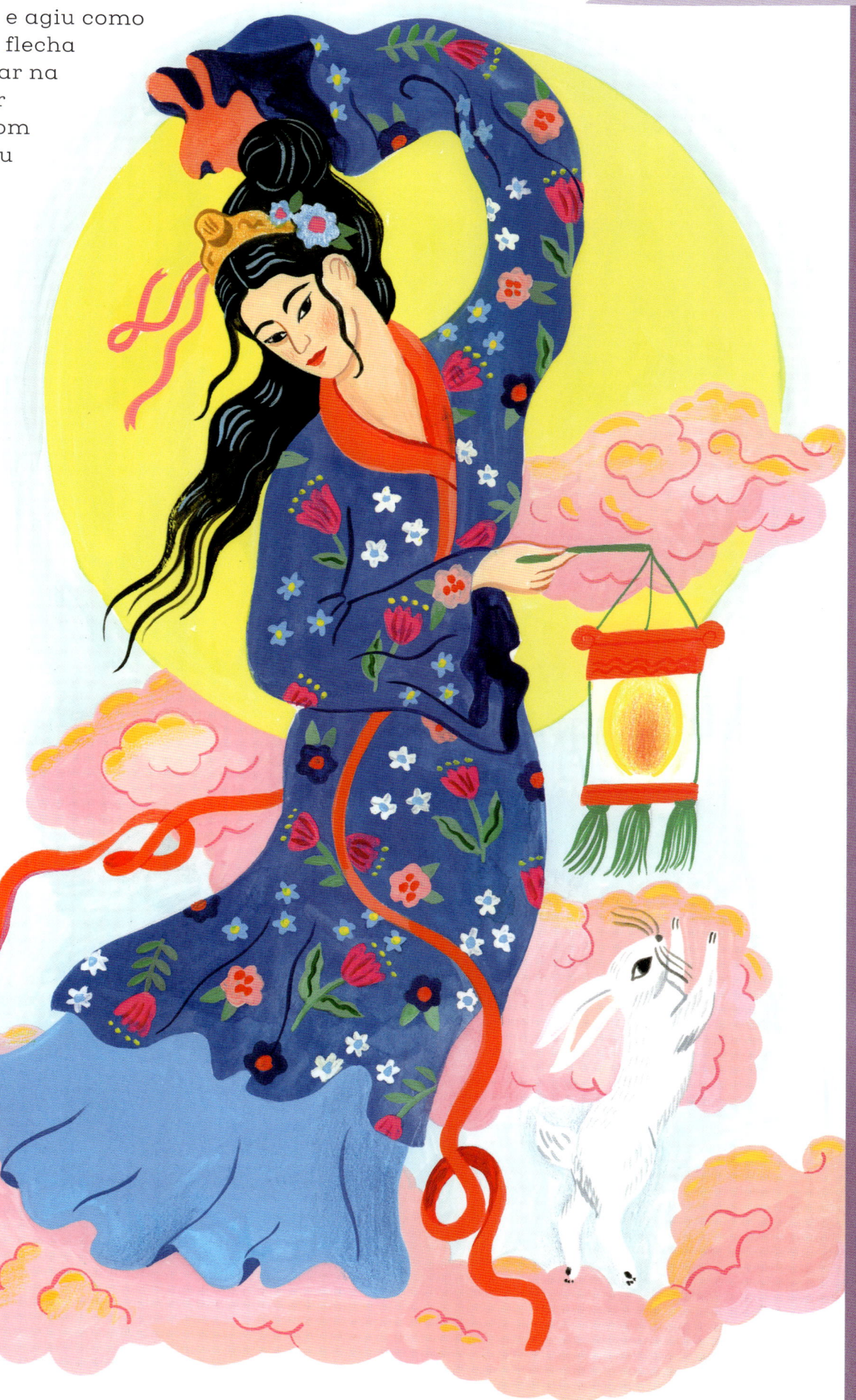

**Amor e sabedoria**

# PTE SAN WIN
### Profeta sagrada dos Lakota

## O BÚFALO BRANCO

A história de Pte San Win provavelmente foi contada pela primeira vez pelos indígenas americanos Lakota há mais de 2 mil anos, e continua sendo importante hoje em dia. O conto milagroso de um búfalo branco que surgiu no deserto conecta os Lakota ao mundo natural, mas também lhes confere uma história originária na qual homens e mulheres mostram respeito um pelo outro. O conhecimento de Pte San Win trouxe ao povo Lakota suas regras e rituais, além de lhes fornecer amor e proteção, que permanecerão com eles para sempre.

A maioria das versões da história de Pte San Win começa em uma paisagem desértica e plana, sem nada no horizonte. Dois homens estavam caçando para conseguir um pouco de comida para seu povo faminto. Eles notaram um pequeno ponto ao longe, que foi ficando maior à medida que se aproximava.

Logo o contorno de uma bela mulher ficou visível. Grande parte de seu corpo estava coberto pelos longos cabelos escuros e ondulados, envolvendo-a como um manto. Sua silhueta emanava uma luz quente e ela tinha um pacote nas mãos. Os dois homens ficaram em transe. Um deles a reconheceu no mesmo instante – ela era uma Wakan, ou o Mistério. Ele desviou os olhos por respeito, enquanto o outro continuou encarando-a. Tomado pelo desejo, ele se aproximou e tentou abraçá-la. Mas, ao tocar sua pele, ele desapareceu na hora. Aos pés da bela mulher, surgiu uma pilha de ossos e pó.

O sobrevivente ficou impressionado e apavorado. Pte San Win lhe disse que tinha algo importante para seu povo. Ele devia correr para a aldeia e se preparar para a chegada dela. Ela o instruiu a montar uma tenda sagrada com um crânio de búfalo no centro e solicitou que as pessoas a esperassem pacientemente ali.

> **Amor e sabedoria**

Até que um jovem búfalo totalmente branco apareceu. Ele rolou no chão quatro vezes, mudando de branco para preto, depois de amarelo para vermelho. Após a última transformação, o búfalo virou a bela mulher, que se levantou, brilhando junto com o sol. Ela falou para o povo que Wakan Tanka, o Grande Mistério, a havia enviado para ajudá-los. Ela lhes mostrou um cachimbo e disse que a fumaça levaria suas orações até o Grande Mistério e eles receberiam tudo de que precisavam.

## "VOU ENCONTRÁ-LOS NOVAMENTE"

Pte San Win conversou com o povo durante quatro dias, oferecendo-lhes toda a sua sabedoria. Disse-lhes que sua existência ia além do tempo e que ela voltaria a cada geração para ajudá-los nos períodos de dificuldade. Suas palavras de despedida foram: "Vou encontrá-los novamente", e quando ela se transformou em um búfalo branco, um grande rebanho desses animais chegou à planície.

*Cachimbo esculpido em forma de búfalo, EUA, 1860*

Pte San Win lhes havia fornecido os animais para que nunca passassem fome ou frio. Eles poderiam obter comida com sua carne, roupas e tendas com sua pele, e ferramentas com seus ossos. Sua visita também colocou as pessoas no caminho do conhecimento e da compreensão, pois ela nutriu-lhes o corpo, o espírito, a mente e o coração.

## MOLDANDO CRENÇAS

Pte San Win estabeleceu os sete ritos dos Lakota, importantes até hoje. Eles incluem a busca da visão, a cerimônia de manutenção de fantasmas, a dança do sol e rituais para meninos e meninas que estão entrando na idade adulta. Assim, ela forneceu os laços que mantêm as comunidades unidas.

Os Lakota homenageiam Pte San Win em cerimônias sagradas que ela lhes ensinou, fazendo uso do cachimbo que lhes apresentou. Para esse povo, os búfalos brancos são os animais mais sagrados do mundo. Como são extremamente raros, sempre que um deles nasce, é sinal de que suas orações estão sendo atendidas. O animal também traz a esperança de que Pte San Win possa um dia retornar.

# LAKSHMI
Deusa hindu da abundância e da riqueza

## INCRÍVEL PODER

Lakshmi controla a abundância, a riqueza, o amor e a beleza, e é uma das deusas hindus mais populares. Seu nome significa "aquela que conduz você a seus objetivos". Se for fiel a ela, trabalhar duro e tiver coragem e virtude, você terá uma recompensa. Também conhecida como Sri Lakshmi, ela é adorada durante o principal festival hindu da luz, Diwali.

No hinduísmo, as deusas femininas costumam usar sua energia para ativar o poder de um deus masculino. Lakshmi é importante por ser a esposa e o equilíbrio do principal deus hindu, Vishnu. Mas ela também é poderosa por si só pelo fato de ser uma deusa-rainha inspiradora. Ela mantém longe sua irmã, Alakshmi, seu oposto em todos os sentidos, representando o infortúnio, a pobreza, a fome e a sede.

A primeira parte de seu nome, Sri, é mencionada nos primeiros textos védicos – os textos sagrados mais antigos do hinduísmo. Sri é grandiosidade, poder brilhante e magnificência. Pense em uma soberana radiante, rica e influente – Sri é assim. Uma história famosa conta como a deusa recebeu o nome Sri Lakshmi e como o universo simplesmente não pode existir sem essa deusa.

## OCEANO LÁCTEO

Lakshmi apareceu pela primeira vez na história hindu da agitação do oceano Lácteo. Tudo começou quando os deuses estavam tendo dificuldade na batalha contra forças demoníacas. Para derrotar os demônios, eles precisavam de um elixir da imortalidade, escondido no fundo do oceano. Então, pegaram o topo do Monte Mandara e o usaram como uma vara de mexer, e fizeram da cauda da serpente Vasuki uma corda. Para estabilizá-los, Vishnu se transformou em uma tartaruga, equilibrando o bastão nas costas.

Juntos, os deuses agitaram o oceano por mil anos, e muitos presentes maravilhosos emergiram de suas profundezas, incluindo a lua, a vaca da abundância e uma chuva de pedras preciosas. Lakshmi surgiu em cima de uma flor de lótus, trazendo equilíbrio e harmonia. Ao mesmo tempo, o elixir da imortalidade finalmente apareceu. Os deuses ganharam a vida eterna e Lakshmi deu aos humanos a esperança no amor e a beleza.

## MOLDANDO CRENÇAS

Pode não soar como o aspecto mais relevante de uma deusa, mas, em algumas comunidades, Lakshmi é adorada com esterco de vaca. Por quê? Bem, esse é o fertilizante que alimenta a terra. Com ele, as plantas podem crescer, as famílias podem ser alimentadas e o solo rico pode dar vida a todos. Há um texto que diz que seu filho se chama Kardama, que significa "lama", então ela deu à luz o misterioso poder da terra. Seus poderes vitalizantes também explicam por que Lakshmi é frequentemente retratada flutuando em uma flor de lótus. Assim como a deusa, essas flores podem crescer em águas turvas, mas florescem vívidas e coloridas.

Ao longo do tempo, Lakshmi aparece sob muitas formas diferentes, acompanhando lealmente seu marido, Vishnu, sempre que ele assume outros contornos. É por isso que é comum ver imagens dela massageando os pés do deus – ela é a esposa devotada e perfeita.

Mas ela nem sempre é dócil e passiva assim. Também pode se mostrar volúvel, abandonando seus adoradores se eles não seguirem sua orientação e permitindo que sua irmã, Alakshmi, tome as riquezas de uma família. Algumas pessoas dizem até que sua natureza mutável significa que as imagens dela estão em constante movimento.

A imagem de Lakshmi é tradicionalmente pendurada nas casas para trazer boa sorte e afastar a pobreza. Ela emana um brilho dourado com seus quatro braços, cada um representando aspectos distintos da existência humana: viver honrosamente, aproveitar a vida, ter propósito e buscar a iluminação. Sexta-feira é seu dia sagrado, e hindus devotos a celebram toda semana, com festividades extras ao longo do ano. Sendo portadora de luz, beleza, riqueza e amor, ela é uma deusa poderosa, que pode ajudá-la a alcançar seus objetivos na vida.

*Amor e sabedoria*

*Figura de bronze de Lakshmi, Índia, cerca de 1000 d.C.*

# POPA MEDAW
## Ogra devoradora de flores birmanesa

### MONTANHA SAGRADA

Em Mianmar (atual designação da Birmânia), o budismo se misturou com as tradições locais, e a população cultua um conjunto de espíritos conhecidos como "nats". Trata-se de pessoas que sofreram mortes injustas, dolorosas ou violentas, permanecendo assim no mundo espiritual, incapazes de renascer. Um dos nats mais importantes é Popa Medaw – uma ogra que vivia em uma montanha de flores.

O Monte Popa é o lar dos nats – mais ou menos como o Monte Olimpo para os deuses gregos –, e Popa Medaw é o espírito da montanha. No topo do Monte Popa, há templos e santuários em homenagem aos nats, que os peregrinos visitam ao longo do ano para participar de festivais e deixar oferendas para os espíritos.

O Monte Popa é um vulcão extinto, que está quase sempre coberto de flores belas e medicinais. Quase mil anos atrás, durante o reinado do rei Anawrahta, havia uma garota chamada Mei Wunna que vivia na encosta da montanha. Ela é descrita como uma ogra, mas, em vez de comer carne, como os outros ogros, só se alimentava de frutas e flores.

Anawrahta foi o primeiro rei histórico de Mianmar. Ele tinha cinco seguidores tão leais, corajosos e ousados que os tratava como filhos.

Cada um tinha sua própria habilidade especial. Um desses cinco seguidores, Byatta, desenvolveu poderes sobrenaturais depois de comer a carne de um alquimista que possuía o elixir da vida. Todo dia, o rei ordenava que Byatta cavalgasse quase cinquenta quilômetros para coletar flores silvestres do Monte Popa e apresentá-las na corte. Como era rápido e forte, ele podia correr pela montanha.

### AMOR DOLOROSO

Enquanto procurava as flores mais bonitas, ele encontrou Mei Wunna e se apaixonou instantaneamente. Estátuas de Popa Medaw mostram um lindo rosto feminino debaixo da cabeça de ogra – aqueles que a amam podem contemplar sua beleza. Byatta, que possuía poderes incomuns, viu apenas a beleza da ogra. Mei Wunna se apaixonou pelo homem corajoso, mágico e forte da corte do rei e logo deu à luz dois meninos. Lamentavelmente, sua felicidade não durou muito.

*Figura de madeira de Popa Medaw, Mianmar, 2014*

Byatta foi morto por não mostrar o devido respeito ao rei, e Mei Wunna chorou na encosta do Monte Popa. A perda de seu amante partiu seu coração. Como morreu cheia de tristeza e pesar, ela estava destinada a permanecer no mundo espiritual.

**Amor e sabedoria**

Sendo uma *nat*, ela recebeu um nome que a conectava à montanha de flores onde viveu, morreu e ainda hoje é venerada como a rainha mãe do Monte Popa.

Após sua morte, o rei pediu aos filhos dela que o servissem. Eles se tornaram grandes guerreiros, mas tiveram mortes trágicas, então também são homenageados como *nats*. Dizem que eles não ajudaram o rei a construir um santuário, e por isso foram mortos no local. Quando o rei estava prestes a deixar a corte, os irmãos apareceram na forma de espíritos. Percebendo que eles haviam permanecido no mundo como *nats*, o rei construiu um templo para eles. Popa Medaw é frequentemente retratada junto com dois tigres, que representam seus filhos, o que mostra que sua família nunca foi esquecida.

## MOLDANDO CRENÇAS

Atualmente, as pessoas prestam homenagem a Popa Medaw com oferendas, e ela também pode ser contatada por meio de um *nat kadaw*, ou médium espírita, que se comunica com ela. Em junho e novembro, são realizados festivais para os *nats* no Monte Popa.

Como o espírito que habita a montanha mais sagrada, Popa Medaw continua a proteger o povo de Mianmar.

# SEDNA
### Mãe inuíte do mar e de todas as suas criaturas

## TRUQUE SUJO

Sedna, a Mãe do Mar, também conhecida como Nuliayuk ou Taluliyuk, é cultuada pelo povo inuíte, que vive nas terras do norte do Ártico. Eles dependem de focas, morsas e baleias para sobreviver, e a incrível história de Sedna explica de onde essas criaturas marinhas vieram.

No entanto, Sedna também pode causar problemas, pois ela às vezes esconde os animais que o povo inuíte caça, provoca tempestades cruéis e semeia doenças entre as pessoas.

Há muitas versões diferentes de suas histórias, mas na Groenlândia acredita-se que Sedna era uma bela jovem que morava com o pai, Isarrataitsoq. Todos os homens da aldeia queriam se casar com ela, que vivia recusando as ofertas. Até que um dia um homem muito bonito lhe prometeu um lar maravilhoso. Dessa vez, Sedna ficou encantada e decidiu dizer sim. Mas nem tudo era como parecia.

Seu lindo marido acabou se revelando um terrível espírito de pássaro disfarçado, e ela logo percebeu que seu lar no oceano não era nada maravilhoso – era frio e úmido. Ela estava sempre com fome e tinha de se enrolar em peles viscosas de peixe para se manter aquecida. Através dos mares gelados, ela chamou por seu pai.

*Figura de pedra inuíte de Sedna, Canadá*

## CRIADOR DAS CRIATURAS MARINHAS

Animais e natureza

Isarrataitsoq veio em seu socorro, e ao descobrir que o marido de Sedna a enganara, tentou levá-la de volta para casa em seu caiaque. Furioso com a fuga da esposa, o espírito de pássaro os seguiu. Ele agitou o mar com suas asas, criando uma violenta tempestade, e então atacou o barco. Em pânico, o pai de Sedna cruelmente a jogou na água gelada para aliviar o peso da embarcação. Ela se agarrou no barco enquanto a tempestade rugia e as águas se agitavam a seu redor.

O marido de Sedna continuou atacando com ferocidade, e Isarrataitsoq tentou soltar os dedos da filha da lateral do barco. Ela se segurou com tanta força que ele teve de pegar o remo e bater nas mãos de Sedna. O primeiro golpe quebrou os dedos dela, que caíram no mar e se transformaram em uma foca. Ainda assim, ela se manteve agarrada ao barco. Então, ele atacou novamente, e dessa vez os dedos que haviam restado caíram na água e se transformaram em uma morsa.

O último golpe de Isarrataitsoq cortou completamente as mãos de Sedna, que, quando ela caiu do barco, tocaram o mar e se tornaram uma baleia. Sedna submergiu no fundo do oceano, com seus longos cabelos negros envolvendo-a na água. Ali, ela se tornou a mãe do reino marítimo, ao lado de todas as criaturas que surgiram de seu próprio corpo.

## MOLDANDO CRENÇAS

Sedna é uma figura muito importante para o povo inuíte porque mantém as criaturas marinhas emaranhadas em seus cabelos. Ela pode ajudar as famílias a sobreviverem quando bondosamente decide liberar os animais para caça. Mas, quando está com raiva, pode segurá-los, fazendo com que as pessoas passem fome. Em tempos de escassez, líderes espirituais realizam rituais complicados e cânticos especiais em que mergulham até o lar de Sedna no fundo do oceano, penteiam seus longos cabelos negros e pedem ajuda. Eles acreditam que Sedna só libera seus animais quando um xamã a visita ou quando ela recebe oferendas. No início do verão, os inuítes cantam para ela, e quando os primeiros mamíferos marinhos são capturados, eles os despedaçam e colocam as partes na água como oferendas. Sendo a Mãe do Mar, ela tem grande poder sobre a vida e a morte, e é essencial para os inuítes do norte do Ártico.

# ITZPAPALOTL

## Guerreira-esqueleto asteca e deusa-borboleta

### ASAS DE OBSIDIANA

A deusa asteca Itzpapalotl está sempre mudando de aparência. Ela pode assumir a forma de uma bela jovem ou de um assustador esqueleto alado. Na ponta de seus dedos, há garras afiadas de onça, enquanto seus pés exibem garras de águia. Também tem lâminas semelhantes a navalhas na borda de suas asas, que pode usar para destruir os inimigos.

Ela é uma poderosa guerreira associada à vida e à morte. Seu nome significa "Borboleta Obsidiana". A obsidiana é um tipo de vidro vulcânico muito precioso para os astecas. Olhar para sua superfície preta e brilhante lhes permitia se mover entre passado, presente e futuro, falar com os espíritos e obter proteção contra o mal. A conexão de Itzpapalotl com a obsidiana significava que ela também possuía todos esses poderes.

Suas asas podiam ser pretas e coriáceas como as de um morcego ou coloridas como as de uma borboleta. Criaturas voadoras representavam a alma flutuando entre a terra e o céu. Elas também estão ligadas à reencarnação, trazendo vida nova após a morte. Pense no ciclo de vida de uma borboleta – elas parecem morrer quando entram em sua crisálida como lagartas, mas emergem vivas e muito mais bonitas que antes. Aliás, inscrições de borboletas eram frequentemente colocadas em túmulos pelos astecas, talvez pedindo a Itzpapalotl que levasse os mortos para seu paraíso pacífico.

**Animais e natureza**

## SOBERANA DO PARAÍSO

Itzpapalotl governa o reino paradisíaco de Tamoanchan. Os astecas acreditavam que era nesse lugar que todos os humanos eram feitos. Ali, o sangue dos sacrifícios e os ossos moídos do reino dos mortos são transformados em nova vida. É também onde as crianças que morrem jovens são mantidas em segurança. Há até uma árvore no centro do reino que pinga leite para manter os bebês satisfeitos e felizes.

Todo o tempo está presente em Tamoanchan, e os deuses estão conectados à humanidade. Como soberana desse reino mágico, Itzpapalotl é conhecida como a deusa criadora. Ela também é mestra do disfarce, capaz de se metamorfosear. Em uma história, ela se vestiu como uma dama da corte asteca e cobriu o rosto com pó branco para mudar de aparência. Usou sua capa da invisibilidade para se mover sem ser vista entre os humanos e ouvir suas histórias.

Em outro mito, ela também se transforma. Após uma terrível batalha, Itzpapalotl passa de um cervo de duas cabeças para uma bela mulher. Ela queria conquistar uma das Cobras das Nuvens – um espírito poderoso –, e por isso tentou convencê-la a beber uma poção. Mas tratava-se de um truque e a poção era na verdade sangue.

Cheia da bebida, a Cobra das Nuvens se deitou, mas, em vez de beijá-la, Itzpapalotl rasgou-lhe o peito. Ela é uma deusa que usa as próprias mãos para derrotar os inimigos.

## MOLDANDO CRENÇAS

Itzpapalotl tem muitos papéis e assume muitas formas. Ela é uma das "Mulheres Divinas", que cuidam daquelas que dão à luz. Os astecas viam o parto como uma poderosa batalha entre a vida e a morte, então essas mulheres eram homenageadas como grandes guerreiras. Ela também é a rainha do "Tzitzimime" – o exército de demônios esqueletos estelares. No final da era atual, os astecas acreditavam que os Tzitzimime, liderados por Itzpapalotl, viriam à terra na forma de bestas horríveis e devorariam todos os humanos.

Embora isso possa fazê-la parecer assustadora, Itzpapalotl é uma poderosa protetora das mulheres e das crianças. O amor vem com a dor, a cura com a doença, e é esse equilíbrio entre o positivo e o negativo que ela representa. Ela tem a leveza de uma borboleta, mas o poder de uma onça, e para os astecas era uma deusa vital que dominava o papel das mulheres como criadoras de nova vida.

*Selo asteca de cerâmica com figura de borboleta, México, 1300-1550*

# BADB CATHA

### Deusa da guerra irlandesa e corvo de batalha

## BRUXA, CORVO OU FADA

Badb (pronuncia-se "Bav") Catha sente-se à vontade entre os uivos, choques e barulhos da batalha. Sendo a mais ousada das guerreiras, ela é temida porque pode virar a guerra e trazer a vitória para quem estiver do seu lado. O campo de batalha era conhecido como "o jardim de Badb". Na mitologia irlandesa, Badb Catha tem duas irmãs, e juntas elas formam uma deusa tripla conhecida como "Morrigan" ou "Rainha Fantasma".

Como um corvo, Badb está sempre sobrevoando o campo de batalha. Ela pode matar guerreiros em um piscar de olhos, e, se alguém ouvisse seu uivo no vento, saberia que a morte estava chegando. Ela é uma "*bean-sidhe*", semelhante a uma *banshee* – uma fada cujo grito revela que alguém importante está prestes a morrer.

Em uma história, Badb Catha é uma velha bruxa que lava a carruagem do herói Cormac Condloinges. Esse simples ato era, na verdade, um presságio terrível, pois ver a deusa significava que o herói iria perecer. Ela é a última pessoa que você gostaria de ver antes de ir para a batalha! Badb costuma ser retratada como uma velha senhora abatida que tem poderes de bruxa e prevê o futuro. Mas isso não significa que ela seja incapaz de lutar furiosamente.

## CORAJOSA EM BATALHA

Muitas das histórias de Badb se misturaram com os mitos da história da Irlanda. Lendas medievais falavam de ondas de invasões, com o povo de Badb, os Tuatha De Danaan, ou "Povo da Deusa Danu", lutando contra outro grupo, os Fir Bolg. De acordo com essas histórias, os humanos foram o último grupo a chegar à Irlanda, e os Tuatha De Danaan acabaram se tornando o povo das fadas, vivendo em um reino sobrenatural ao lado dos humanos. Algumas pessoas na Irlanda ainda temem e honram as fadas hoje em dia.

Badb desempenhou papel importante nas batalhas entre os Fir Bolg e os Tuatha De Danaan. Com suas irmãs, ela criou uma espessa névoa para encobrir os soldados e trouxe uma chuva de fogo sobre o inimigo. As deusas provocaram um tremendo barulho e confusão e, no caos, os guerreiros não conseguiram descansar por três dias e três noites. Exaustos, os Fir Bolg foram finalmente derrotados.

Badb também lutou contra um inimigo mais antigo conhecido como Formorians – seres monstruosos e imundos que viviam no fundo do mar ou nas profundezas da terra. Eles representam a escuridão, a morte e a seca. Ao destruir as criaturas, Badb eliminou essas forças do mal. No momento de sua vitória, a deusa cantou uma poderosa canção que representava a esperança e celebrava um futuro cheio de alegria. Por seu papel em derrotar o mal, ela pode ser vista como detentora de poder e positividade.

*Espada de ferro, Roma, 200-300 d.C.*

**Animais e natureza**

## MOLDANDO CRENÇAS

Badb Catha ainda é temida e honrada como uma fada – só não a fada inofensiva e doce a que estamos acostumados. Ela é do povo mágico Tuatha de Danaan, um povo influente e secreto. Você nunca deve insultá-los e precisa lhes fazer oferendas, como por exemplo compartilhar o que estiver bebendo.

É uma boa ideia manter Badb Catha a seu lado. A imagem de um corvo de batalha gritando, causando caos entre os soldados, pode fazer Badb parecer assustadora, mas ela também protege os governantes, prevê o futuro e oferece ajuda para aqueles que precisam. Se você agir de forma bondosa com ela, ela será boa para você.

# OXUM

Espírito do rio do povo iorubá

## RAINHA E CRIADORA

Oxum é um dos mais poderosos orixás – espíritos que ordenam a existência humana e a vida na terra. Ela é cultuada por seguidores da religião iorubá na África Ocidental, mas também foi incorporada e transformada em Cuba, no Brasil e nos Estados Unidos. Isso porque quando os escravizados da África chegaram às Américas durante o comércio transatlântico de escravos, trouxeram com eles suas crenças e seus orixás, incluindo Oxum.

Na religião iorubá, Oxum é a fonte de todas as coisas boas. Ela é muito forte fisicamente e pode conseguir o que quer por meio de seus poderes de persuasão. É um orixá de criação amoroso e protetor, que oferece nutrição e apoio, mas também pode usar seus poderes contra as pessoas. Diz-se que o rio Oxum, na Nigéria, é o corpo líquido da deusa e a fonte da sobrevivência para as pessoas a seu redor. Assim como o rio, Oxum pode dar e tirar a vida.

No início dos tempos, Oxum era a única mulher entre os orixás masculinos. Todos eles tentaram trazer vida à terra, mas seguiram falhando. Até que entregaram o poder a Oxum e ela graciosamente convocou seu rio. A vida então fluiu em tudo o que a água tocou. Mas quando Oxum se decepcionou com seus seguidores, ficou com raiva, inundou a terra e só deixou as águas recuarem quando ela finalmente se acalmou. Ela prometeu ao povo iorubá que eles poderiam viver com segurança ao lado de seu rio se sempre a honrassem com lealdade.

**Animais e natureza**

## A FACA E O LEQUE

Enquanto Oxum é a água refrescante, necessária para que a vida floresça, o orixá masculino mais importante, Ogum, cria e transforma por meio do calor branco do ferro e da tecnologia. Ele é o deus da ferraria, e permitiu que os outros orixás entrassem na terra abrindo caminho com seu enorme machado de metal. Oxum equilibra bem Ogum. Se você pensar em como o metal é feito, vai perceber que é preciso calor para a combustão, mas também água para resfriar e trazer o material fundido de volta à forma sólida. Não há vida sem Oxum, pois sua água cura, refresca e alimenta as pessoas.

*Figura iorubá feminina de madeira, Nigéria, cerca de 1950*

Oxum é guerreira e soberana, e mostra que mulheres podem governar com força. Ela costuma ser retratada segurando um leque de latão em uma das mãos, representando o ar fresco, e uma arma – uma espada de latão ou um cutelo –, que usa para defender e proteger seu povo.

## MOLDANDO CRENÇAS

Oxum ainda é cultuada por muitas pessoas no mundo todo. Seus seguidores costumam pedir sua ajuda sobretudo quando estão tendo dificuldade para ter filhos. Em tempos de seca, ela pode fornecer água. Em geral mostra-se como um espírito bondoso e generoso, pronto para ajudar quem precisa.

Sua cor sagrada é o amarelo, e suas representações muitas vezes a mostram envolta em um pano dourado com uma coroa de contas e colares, e pulseiras de latão. Na Nigéria, há um estado e um rio chamados de Oxum em sua homenagem, bem como um bosque sagrado, protegido como patrimônio mundial. Durante duas semanas de agosto, as pessoas se reúnem nas margens do rio e celebram a deusa com danças, batidas de tambores e cantos. Oxum é um orixá que mostra as muitas maneiras de as mulheres exercerem poder, e sua bondade é equilibrada por sua força.

# PELE
### Deusa havaiana dos vulcões, do fogo e da lava

## DEUSA DAS MONTANHAS

Pele, a *akua* (ou deusa) vulcânica das ilhas havaianas, já existia antes mesmo de as pessoas se estabelecerem por lá, por volta do ano 900 d.C. As tradições orais, passadas de geração em geração, contam histórias sobre antigos heróis e deuses. E há também as que contam como se formaram as notáveis ilhas no meio do oceano Pacífico. No coração de todos esses relatos, encontramos a deusa Pele. Ela provavelmente iniciou a vida como deusa do fogo, mas no Havaí está associada aos vulcões ativos que continuam a determinar a vida das pessoas.

O lar de Pele é um vulcão sagrado chamado Kilauea, e ela vive em uma cratera em suas profundezas. O Kilauea emergiu do mar há dezenas de milhares de anos e ainda está ativo, expelindo lava no sul da ilha, causando devastação e preparando o terreno para o rebrotamento. Assim como as montanhas vulcânicas, Pele é linda e imprevisível, destrutiva e poderosa.

*Figura feminina de madeira feita por Tom Pico, arquipélago havaiano, 2001*

Uma de suas histórias relata que Pele é descendente de Papa (mãe-terra) e Wakea (pai-céu). Ela tem muitos irmãos e irmãs, mas os mais importantes são Hi'iaka e Namaka. As brigas com eles não apenas mostram os aspectos grandiosos de sua personalidade como revelam seu lado brincalhão e carinhoso.

Animais e natureza

Assim como o povo havaiano que ainda a cultua, Pele chegou às ilhas pelo oceano. Diferentes histórias narram sua chegada ao Havaí, e uma delas conta que houve uma furiosa batalha de fogo entre Pele e sua irmã. Enquanto atravessava o mar, Pele tentou fazer fogueiras em cada uma das ilhas onde desembarcou. Mas sua irmã a perseguiu por todo o caminho, apagando as chamas. No final, elas lutaram, irmã contra irmã, e Pele foi morta. Seu corpo derreteu nas montanhas do Havaí e seu espírito se tornou a terra vulcânica da ilha.

Acredita-se que Pele viva nas rochas e na lava das montanhas. Ela destrói tudo em seu caminho, deixando para trás seus cabelos e suas lágrimas em pedaços notáveis de vidro vulcânico.

## VIDA, AMOR E LAVA

Pele traz destruição, mas também traz vida. A cada erupção vulcânica, ela dá à luz novas terras para os havaianos que virão. Suas histórias também falam de seu lado carinhoso. Em uma delas, sua mãe lhe dá um ovo para cuidar. Ao final, ele choca e a deusa que se torna sua irmã Hi'iaka sai de dentro dele.

Pele amava muito a irmã, mas ficou com ciúmes quando ela arranjou uma nova melhor amiga. As histórias contam que ela pediu a Hi'iaka que entregasse uma mensagem a seu amante, Lohiau. Quando ela não voltou para casa, Pele pensou que Lohiau a traíra com a irmã e foi ficando cada vez mais frustrada. Como punição, enviou uma onda de lava para a casa da melhor amiga de Hi'iaka, transformando-a em pedra.

Mas Hi'iaka voltou e, ao encontrar a amiga morta, abraçou maldosamente o amante de Pele. Furiosa, a deusa derramou lava também sobre os dois. Pele ficou arrasada de tristeza, e depois de um tempo percebeu que deveria trazer todos eles de volta à vida. Quando Hi'iaka e Lohiau retornaram, decidiram que queriam ficar juntos, então o castigo de Pele foi ver seu amante escolher sua irmã.

## MOLDANDO CRENÇAS

Pele ainda é muito importante para o povo do Havaí. Eles continuam homenageando-a com orações, danças e presentes oferecidos aos próprios vulcões. O arquipélago é conhecido pela dança chamada *hula*, que é uma celebração a Pele. Suas montanhas são locais protegidos e sagrados.

Recentemente, os planos para a construção de outro enorme telescópio no topo do Mauna Kea, o vulcão mais alto das ilhas havaianas, foram interrompidos por cerimônias de canto e dança e pela resistência dos *kia'i*, os protetores desse lugar tão importante. Deusa dos vulcões, do fogo e da lava, Pele é alguém que você com certeza não quer irritar!

# MULHER-ARANHA
### Criadora indígena de curas e bons conselhos

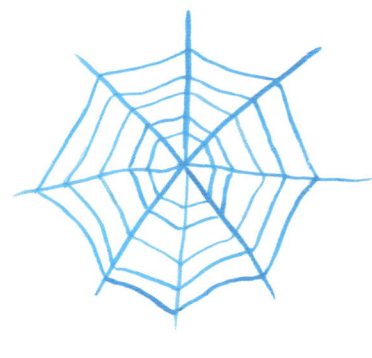

## O DOM DA TECELAGEM

Histórias sobre a criadora Mulher-Aranha foram contadas durante muitos séculos pelos diferentes povos do sudoeste dos Estados Unidos. De acordo com os mitos navajos, nos quais ela é conhecida como Na'ashjé'íí Asdzáá, a mais alta das duas torres da Spider Rock, no estado do Arizona, é seu lar. Ali, o topo da pedra ficou branco por causa dos ossos de crianças malcriadas que secaram ao sol. Se uma criança se comportasse mal, a Mulher-Aranha as prenderia no alto dos fios pegajosos de sua enorme teia.

Mas, na maioria dos contos, a Mulher-Aranha não faz mal às pessoas – pelo contrário, ela as ajuda. Em uma história, dois importantes heróis da mitologia navajo, os gêmeos Tóbájíshchíní (Nascido para a Água) e Naayéé'neizghaní (Caçador de Monstros) buscaram sua ajuda. Em troca de seu respeito, ela lhes ofereceu cânticos que os protegeriam e acalmariam a raiva de seus inimigos.

Os navajos valorizam muito a Mulher-Aranha porque ela lhes ensinou a habilidade de tecer. Ela é tão importante que, quando as mulheres navajo começam a tecer fios, espalham teias de aranha nas mãos para garantir que o processo seja suave e para abençoar o trabalho. A tecelagem era considerada um dever sagrado, e as mulheres teciam orações e bênçãos em seus panos, pedindo proteção e orientação à Mulher-Aranha.

## FOGO E LUZ

Outro povo do sudoeste, os Hopi, também incluiu a Mulher-Aranha em suas histórias. Uma delas conta que ela deu aos humanos a ferramenta mais importante para sua sobrevivência: o fogo. Animais, pássaros e humanos estavam passando frio, perdidos no mundo escuro e miserável. Então, ouviram que no leste havia algo chamado fogo. Eles não sabiam o que era aquilo, mas queriam ver se ele podia levar alguma luz a seu mundo.

Primeiro, um gambá roubou um pequeno pedaço de madeira em chamas e o escondeu em sua enorme cauda. Só que as chamas queimaram seu pelo e o gambá fugiu chorando. Em seguida, um urubu sobrevoou o fogo, pegou uma brasa e a equilibrou na cabeça. Mas o pobre pássaro não percebeu que a brasa o queimaria, e suas penas viraram fumaça.

Finalmente, em sua pequenina forma aracnídea, a Mulher-Aranha disse que iria. Ela usou suas longas patas para fazer um pote de barro com uma tampa delicada. Depois, enfiou um pedacinho de madeira em chamas ali dentro, teceu sua teia e voltou até as outras criaturas. Os animais e pássaros fugiram, apavorados com o que tinha lhes acontecido antes. Somente os humanos o quiseram, então a Mulher-Aranha lhes deu o presente do fogo.

Animais e natureza

## MOLDANDO CRENÇAS

Sábia, bondosa e sempre disposta a ajudar, a Mulher-Aranha protege aqueles que a procuram quando enfrentam necessidade. Na forma humana, ela é uma senhora atenciosa. Mas pode se transformar em uma aranha para adentrar as profundezas da terra e se esconder em sua toca. Quando as pessoas querem conselhos, orientações ou a cura para suas doenças, a Mulher-Aranha emerge do solo para ajudá-las.

Eterna protetora dos humanos, a Mulher-Aranha representa as teias que nos unem. Sua gentileza ajuda todos a crescer e, em um mundo em que estamos mais conectados que nunca, ela permanece sendo uma figura inspiradora.

*Cartão-postal mostrando uma mulher navajo trabalhando em um tear, Arizona, EUA, 1901*

# TIAMAT

## Dragoa do mar babilônico e deusa da água salgada

*Selo mostrando Tiamat como um dragão, Ásia, 900-750 a.C.*

### MÃE DOS DEUSES

A antiga história de Tiamat fala sobre criação e vida nova, mas também sobre vingança, guerra e morte. Ela é uma personagem complexa – mãe dos deuses e criadora de demônios –, e é tanto temida quanto cultuada.

Sendo a deusa do mar, ela tomou Apsu, o deus da água doce subterrânea, como seu amante. O mar fornece comida e nutrição, enquanto a água doce dos poços, rios e lagos oferece um líquido seguro para beber. Os dois tipos são necessários para a vida, e juntos Tiamat e Apsu criaram todos os deuses e deusas da antiga Babilônia.

Enquanto Tiamat dava à luz mais e mais filhos, os deuses mais jovens começaram a se tornar um incômodo. Eles eram barulhentos, desordeiros e desrespeitosos. Tiamat tolerava esse comportamento porque era uma mãe paciente, mas Apsu ficou irritado. Ele disse a Tiamat que iria destruir a geração mais jovem de deuses. Ela lhe pediu que não fizesse isso, mas Apsu temia que um de seus filhos tentasse tomar seu lugar, então decidiu seguir em frente com seu plano.

Quando os jovens deuses souberam do plano de Apsu, um deles – o filho de Tiamat e Apsu, Ea, o deus travesso da sabedoria e da magia – lhe deu uma poção do sono e o matou. Embora continuasse zangada com o marido, Tiamat ficou ainda mais furiosa com o deus que causou a morte dele – seu próprio filho!

## COMBATENDO O DRAGÃO DO MAR

**Animais e natureza**

Nessa época, Ea também teve um filho, que se tornou o poderoso deus das tempestades, Marduk. Aparentemente fora de controle, Marduk brincava com o vento, deixando um rastro de caos e destruição por onde passava. Os outros deuses ficaram contrariados com suas ações e imploraram para que Tiamat o fizesse parar. Como ela queria vingança pela morte de Apsu, essa era sua chance. Se ela fizesse mal a Marduk, também puniria o filho Ea por ter matado seu marido.

Tiamat criou um vasto exército de monstros liderado por outro filho, Kingu. Para mostrar que Kingu agora era seu filho favorito, ela lhe deu um objeto poderoso: a Tábua do Destino.

Alguns dos outros jovens deuses temiam que Tiamat estivesse levando seu novo poder longe demais. Eles tentaram encontrar uma maneira de negociar com ela, mas nada funcionou. Ela não iria recuar. Então, Marduk disse que lutaria cara a cara com a deusa. Ele só tinha uma condição: se vencesse, queria se tornar o líder de todos os deuses. Os dois travaram uma batalha feroz. Tiamat, na forma de um horripilante dragão do mar, usou sua cauda para bater em Marduk e chicoteá-lo.

Para prendê-la, Marduk despertou um vento maligno e o enviou contra ela. A deusa não conseguiu mais se mover, e Marduk disparou uma flecha que a atingiu na barriga. Isso a partiu ao meio e, quando ela desmoronou, o deus das tempestades soube que havia vencido.

## MOLDANDO CRENÇAS

Um texto antigo diz que, quando Tiamat morreu, Marduk pegou partes de seu corpo para criar o mundo. Ele usou metade para fazer os céus e metade para fazer a terra. Seus olhos se tornaram rios e seus seios se tornaram montanhas. A cauda de dragão ligou a terra aos céus por toda a eternidade, formando a Via Láctea. A morte de Tiamat também permitiu que Marduk matasse seu outro filho, Kingu, pegasse a Tábua do Destino e misturasse seu sangue com o solo para criar os humanos.

Como Tiamat assumiu a forma de um terrível dragão do mar durante a batalha, ela pode ser entendida como uma monstruosa força do mal. Mas, se pensarmos que ela também foi a mãe da criação e uma esposa em busca de vingança, sua história se torna mais complexa e interessante que simplesmente uma narrativa de "o bem contra o mal".

# AMATERASU

Deusa japonesa do sol e mãe dos imperadores

## NASCIDA DO OLHO DO PAI

Amaterasu é a filha mais velha e mais amada dos deuses criadores Izanagi e Izanami (ver páginas 56-57). Ela é a deusa do sol, mostrado na bandeira do Japão. Dizem que todos os imperadores japoneses são descendentes dela, por meio de seu neto Ninigi. É assim que a família imperial reivindica o direito de governar – eles o teriam recebido da própria rainha do céu.

Para os seguidores da religião xintoísta, Amaterasu é o coração da vida espiritual japonesa. Conforme o sol vai se movendo pelo céu e a noite vai se instalando depois do dia, a deusa traz ordem, luz e pureza aos humanos. Ela vive na Planície Alta do Céu, Takamagahara, que está conectada à Terra pela Ponte Flutuante, Ame-no-ukihashi.

Uma história antiga conta que o pai de Amaterasu, Izanagi, estava tomando banho no rio e, enquanto limpava o olho esquerdo, a deusa do sol Amaterasu nasceu. Quando Izanagi esfregou o olho direito, Tsukuyomi – o deus da lua – apareceu, e quando esfregou o nariz, o deus da tempestade Susanoo surgiu. Amaterasu sempre brigava com seu novo irmão Susanoo, e o comportamento choroso e problemático dele logo fez seu pai se irritar. Susanoo foi banido. Antes de partir, zangado e sozinho, ele foi se despedir de Amaterasu em seu lar celestial.

Altar doméstico xintoísta feito por Aokiya, Japão, 2016-2017

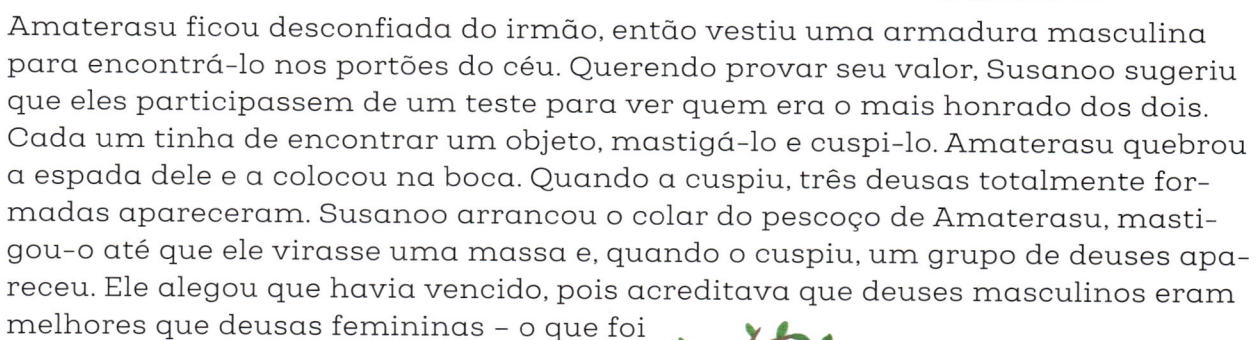

Animais e natureza

## IRMÃ SOL, IRMÃO LUA

Amaterasu ficou desconfiada do irmão, então vestiu uma armadura masculina para encontrá-lo nos portões do céu. Querendo provar seu valor, Susanoo sugeriu que eles participassem de um teste para ver quem era o mais honrado dos dois. Cada um tinha de encontrar um objeto, mastigá-lo e cuspi-lo. Amaterasu quebrou a espada dele e a colocou na boca. Quando a cuspiu, três deusas totalmente formadas apareceram. Susanoo arrancou o colar do pescoço de Amaterasu, mastigou-o até que ele virasse uma massa e, quando o cuspiu, um grupo de deuses apareceu. Ele alegou que havia vencido, pois acreditava que deuses masculinos eram melhores que deusas femininas – o que foi considerado um insulto para Amaterasu e para todas as mulheres.

Orgulhoso de sua vitória, Susanoo saiu em fúria pelo reino de Amaterasu. Feito uma criança birrenta, destruiu seu trono e arruinou seus campos de arroz. A gota d'água foi quando ele matou um cavalo – o animal sagrado de Amaterasu – e o jogou no tear dela, matando também uma de suas criadas no processo. Ele estava fora de controle!

Indignada e farta do irmão, Amaterasu foi se esconder na Caverna da Rocha Celestial. Quando ela se enfiou ali, toda a luz do mundo se apagou.

Sem a luz e o calor do sol, tudo começou a morrer. Os deuses e deusas, assustados com o que estavam vendo, se reuniram do lado de fora da caverna de Amaterasu e tentaram fazê-la sair. Nada funcionou. Então, eles imploraram à deusa da alegria, Ama-no-Uzume, para que ela começasse a dançar. Ao ouvir todos batendo palmas e dando risada, Amaterasu ficou curiosa. O que poderia haver de tão interessante lá fora? Ela deu uma espiada, e acabou olhando diretamente para o espelho que os deuses haviam pendurado na abertura da caverna. Como nunca tinha visto seu reflexo antes, ela se perguntou quem poderia ser essa deusa tão magnífica e poderosa. Encantada com seu próprio reflexo, Amaterasu saiu da caverna, e a luz e o calor voltaram ao mundo.

## MOLDANDO CRENÇAS

Amaterasu continua a ser cultuada no Grande Santuário de Ise, um dos locais mais sagrados do Japão, visitado por milhares de peregrinos e turistas todos os anos. A deusa está associada a três objetos sagrados considerados poderosos até hoje – são como as joias da coroa da família imperial japonesa: o Espelho de Oito Vãos, que atraiu Amaterasu para fora de sua caverna, a Grande Joia da deusa e a Espada Cortadora de Grama.

A história de Amaterasu inspira as pessoas ao desafiar os papéis tradicionais da sociedade. Sem ela, o mundo ficaria na escuridão. Sua forma de dar ou tirar luz e vida mostra que todas as mulheres e meninas têm potencial para brilhar.

# PAPATUANUKU

#### Deusa maori da terra

## MÃE DE TODA A CRIAÇÃO

Você já se perguntou como o universo foi criado? Podemos imaginar o que havia antes que a história fosse escrita, antes que os humanos surgissem na Terra, antes que os planetas fossem formados… O que encontramos? Escuridão. Vazio. E um espaço cheio de potencial para gerar vida. Para o povo maori de Aotearoa, na Nova Zelândia, esse espaço é conhecido como Te Po. Foi dali que surgiram os primeiros criadores da vida: Papatuanuku, a Mãe-Terra, e Ranginui, o Pai-Céu.

É impossível contar a história de Papatuanuku sem mencionar seu parceiro, Ranginui. Quando o Pai-Céu e a Mãe-Terra se uniram, eles deram à luz os deuses de todas as formas de vida na Terra. O casal estava sempre abraçado, amassando seus filhos na escuridão entre os dois, onde eles viviam em um espaço escuro e úmido. Quando Papatuanuku esticava o braço, eles conseguiam ver um raio de luz brilhando. Os deuses queriam viver nessa luz, tendo espaço para explorar, descobrir e criar. Então, começaram a tramar um plano…

## A DOR DA SEPARAÇÃO

Os deuses concordaram em separar os pais. Ranginui poderia viver distante no céu, enquanto Papatuanuku ficaria com eles, nutrindo-os e amando-os. Um por um, eles tentaram seguir com o plano, mas a tarefa era muito difícil. Até que um deles, o deus das florestas, Tane, arriscou algo diferente.

Ele se virou de cabeça para baixo e usou as pernas para separá-los. Junto com ele, todas as árvores também se viraram, de modo que as raízes ficaram no solo e as folhas no ar. O deus do vento, Tawhiri, ficou tão triste com a separação dos pais que correu para estar com o pai no céu e ficou se movendo sem parar entre Ranginui e Papatuanuku, provocando tempestades uivantes na terra.

Com Ranginui pendurado no céu, os dois amantes viviam chorando um pelo outro. Os deuses ficaram frustrados, então colocaram Papatuanuku de barriga para baixo, de frente para o Mundo Inferior – longe do céu. Só que isso não diminuiu a saudade de seu amor, e toda manhã os campos ficavam cheios de suas lágrimas e subiam em direção a Ranginui na forma de névoa. Ele também lamentou, fazendo chover lágrimas suficientes para encher os mares e os rios.

Apesar de seus filhos terem lhe causado tanta dor, Papatuanuku continuou a amá-los e criou todas as riquezas do mundo para que eles ficassem bem cuidados. Ela seguiu trazendo vida à terra, e dizem que quando a deusa deu à luz debaixo d'água, ilhas inteiras emergiram na superfície. Porém, um de seus filhos acabou ficando preso debaixo de Papatuanuku quando ela foi virada – o deus dos terremotos e vulcões, Ruaumoko.

Ao controlar o movimento da terra, Ruaumoko traz o calor ou o frio de sua mãe à superfície e controla as estações. Juntos, eles determinam os ritmos da vida na Terra.

**Animais e natureza**

## MOLDANDO CRENÇAS

Papatuanuku ainda é considerada a base física e espiritual de toda a vida, celebrada na arte e na cultura maori. Na língua maori, a palavra whenua significa tanto "terra" quanto "placenta" – a parte do corpo que cresce dentro do útero e alimenta o bebê durante a gravidez. Isso mostra que o papel da terra e das mulheres de nutrir e criar vida se conjuga na figura da deusa Papatuanuku. Assim como o mundo nasceu da deusa, todos os humanos nascem de mulheres. Sua bela história de amor e seu papel como criadora de toda a vida significa que ela há séculos permanece sendo uma deusa influente.

*Selo retratando a lenda de Papatuanuku e Ranginui, Nova Zelândia, 1990*

# MAZU
### Deusa chinesa do mar

## VIAJANDO SEM SE MOVER

O interessante na história de Mazu é que ela foi uma mulher que realmente viveu em Fuijan, China, mil anos atrás. Ela também é conhecida como "Santa Mãe do Céu" e é a protetora de todos os que enfrentam o poderoso mar, como os pescadores, os comerciantes e os viajantes. Apesar de ser conhecida por muitos nomes, alguns dizem que as orações enviadas a Mazu (que significa "vovó" ou "velha Mãe") a alcançam imediatamente.

A verdadeira mulher por trás da deusa chamava-se Moniang ou Lin Mo, que significa "garota silenciosa". De acordo com as histórias, ela não chorou ao nascer, nem soltou um pio nos primeiros anos de vida. Tinha o dom de ver o futuro e podia visitar qualquer lugar em sua mente, sem precisar se mover para lá.

Certa vez, a jovem recebeu uma freira que veio de um templo localizado a muitos quilômetros de distância. Moniang lhe disse: "Por favor, traga para mim uma das flores das árvores da sua casa". A freira ficou confusa, porque não havia flores nas árvores quando ela tinha saído. Mas Moniang insistiu: "Sei que há flores porque acabei de vir de lá e vi, mas não queria pegar uma sem sua permissão". Quando a freira voltou para casa, as árvores estavam cobertas de flores, claro. Teria Moniang realmente saído do corpo e visto aquelas plantas?

**Animais e natureza**

## GUARDIÃ DO MAR

Um dia, quando os irmãos de Moniang partiram em uma viagem marítima, ela caiu em transe profundo e começou a chorar e a gritar por eles. Seus pais ficaram preocupados e a trouxeram de volta, mas ela ficou arrasada ao ser acordada, e permaneceu chorando inconsolavelmente.

Quando seus irmãos por fim voltaram ao porto, eles descreveram o que acontecera enquanto Moniang estava em transe. O navio deles fora golpeado pelas ondas, mas eles tinham visto a irmã na forma de espírito segurando-os firmes na água. Quando seus pais a arrancaram de sua visão, sua imagem tranquilizadora desapareceu, e o irmão mais velho foi lançado no mar.

Moniang ficou tão abalada por não ter salvado todos os seus irmãos que prometeu permanecer solteira e em constante meditação pelo resto da vida. Ela morreu muito jovem, mas foi reconhecida como guardiã dos marinheiros e, após sua morte, foi considerada uma deusa, Mazu. Apesar de nunca ter se casado nem ter tido filhos, a deusa Mazu também é cultuada como uma figura protetora para as mulheres que querem engravidar.

Mazu continua ajudando aqueles que precisam dela. Mais de trezentos anos após a morte da mulher real, Moniang, um importante homem – o emissário do imperador, Zheng He – relatou que seu navio fora o único de uma enorme frota a sobreviver a um tufão. Ele estava com medo, sem conseguir atravessar as águas ferozes, até que Mazu apareceu e guiou o navio fazendo-o chegar a um lugar seguro. Honras foram derramadas em seu santuário como agradecimento.

## MOLDANDO CRENÇAS

Muitas histórias relatam como Mazu salvou pessoas de problemas no mar – como tempestades, piratas ou até monstros marinhos. Suas histórias navegaram pelos oceanos com viajantes chineses por mais de mil anos. Pessoas de Fujian, na costa sudeste da China, migraram para Taiwan e levaram com elas a adoração a Mazu, por isso ela é especialmente cultuada na região, onde a vida de muitas pessoas se concentra no mar e na água.

*Estátua de pedra de Mazu em Vihara Satya Dharma, Bali*

A deusa ainda é convocada para proteger as pessoas de águas turbulentas, e são muitos os relatos de visões e milagres. Em 2016, seu rosto foi visto nas ondas de um tufão, e a imagem se espalhou pelo mundo. Mazu é tão famosa e amada hoje como quando a verdadeira Moniang estava viva, mais de um milênio atrás.

# GLOSSÁRIO

**ALTAR** Mesa sagrada em um templo ou uma igreja.

**AMULETO** Pequeno objeto ou peça de joalheria que confere proteção.

**ASSÍRIA** Reino poderoso que existiu do terceiro milênio a.C. a cerca de 600 a.C., localizado à margem do rio Tigre, compreendendo os atuais Iraque, Síria e Turquia.

**ASTECA** Povo que viveu onde hoje é o México, cuja cultura e religião floresceram por volta de 1300-1600. O império asteca foi destruído após a ação violenta dos conquistadores espanhóis em 1521.

**BABILÔNIA** Antigo estado que se encontrava ao longo das margens do rio Eufrates, no Oriente Médio. Surgiu no início do segundo milênio a.C. Sua principal cidade era a Babilônia, perto da atual Bagdá, no Iraque.

**BÍBLIA** Coleção de textos religiosos sagrados para judeus, muçulmanos e cristãos, compreendidos como revelações de um ser supremo – Deus.

**BUDISMO** Fundado com base nos ensinamentos do Buda Gautama indiano do século V a.C., espalhou-se pela Ásia e se tornou a quarta maior religião do mundo. A palavra "buda" significa "iluminado".

**CADÁVER** Corpo humano morto.

**CELTA** Povo unido pela língua, pela religião e pela cultura. Os territórios celtas se estendiam pela Europa do mar Negro à Espanha, assim como pelas Ilhas Britânicas.

**CIVILIZAÇÃO** Tem origem na palavra do latim (*civita*) para "cidade". Civilizações são onde os humanos vivem juntos em uma organização social e cultural avançada.

**COLONIZAÇÃO** Processo de se estabelecer em um lugar que não é seu de origem. Muitas vezes, envolve o exercício de controle sobre povos originários.

**COMÉRCIO TRANSATLÂNTICO DE ESCRAVOS** Transporte forçado de mais de dez milhões de africanos escravizados pelo oceano Atlântico entre 1500-1900.

**CONFLITO** Desacordo raivoso.

**CONTRADIÇÃO** Algo que significa o oposto ou que é diferente de outra coisa.

**CRISTIANISMO** A maior religião do mundo, fundada com base na vida e nos ensinamentos de Jesus Cristo. Os cristãos acreditam em apenas um deus, e seu texto sagrado é a Bíblia.

**DEIDADE** Deus, deusa ou ser espiritual.

**ELIXIR** Poção mágica ou medicinal.

**ESCRAVIDÃO** Quando uma pessoa é propriedade legal de outra e é forçada a trabalhar para ela ou a lhe obedecer.

**ESLAVOS** Povos da Europa Oriental e da Rússia que falam vários idiomas relacionados.

**ETERNIDADE** Período infinito ou sem fim.

**FILOSOFIA** Estudo das ideias sobre o conhecimento, o certo e errado e o valor das coisas.

**FOME** Quando a comida é escassa.

**HEBRAICO** Língua do povo judeu, originário de Israel e da Palestina.

**HINDUÍSMO** Terceira maior religião do mundo, o hinduísmo é uma antiga religião indiana e também um modo de vida. Suas raízes remontam a muitos milhares de anos, e seus quatro objetivos para a vida humana são: *dharma*, dever; *artha*, trabalho; *kama*, prazer físico; e *moksha*, iluminação.

**ILUMINAÇÃO** Estado alcançado por meio da moralidade, da meditação e da sabedoria.

**IMORTAL** Aquele que vive para sempre, que nunca morre.

**IMPERADOR** Soberano que controla um império.

**INDÍGENA** Pessoa, planta ou objeto originário de determinado lugar; nativo.

**INJUSTIÇA** Falta de equidade ou justiça.

**ISLAMISMO** Segunda maior religião do mundo. Os muçulmanos reconhecem apenas um deus, Alá. O islamismo foi fundado pelo profeta e líder árabe Maomé no século VII.

**JUDAÍSMO** Religião do povo judeu, desenvolvida entre os antigos hebreus. Os judeus acreditam em um deus que se revelou a Abraão, a Moisés e aos profetas.

**LABIRINTO** Complicada rede de passagens e caminhos da qual é difícil encontrar a saída.

**LUTO** Período em que se lamenta a morte de alguém.

**MANTRA** Prática de repetir uma palavra, frase ou som para auxiliar na concentração e na meditação.

**MESOAMÉRICA** Região histórica e cultural que se estende do centro do México ao norte da Costa Rica. Antes de Colombo, civilizações floresceram nessa região por milhares de anos, incluindo os olmecas, astecas e maias.

**MESOPOTÂMIA** Palavra que significa "entre rios". Região de área fértil entre os rios Tigre e Eufrates, onde hoje se situam Iraque, Kuwait, Turquia e Síria.

**MILÊNIO** Mil anos.

**MINOICO** Nomeados em homenagem ao lendário rei Minos de Creta, os minoicos foram uma civilização que prosperou na ilha entre aproximadamente 3000 a.C. e 1000 a.C.

**MITOLOGIA** Coleção de histórias pertencentes a uma religião ou cultura particular.

**MORTAL** Aquele que pode morrer.

**MUNDO INFERIOR** Terra mítica dos mortos, frequentemente imaginada como estando abaixo da terra.

**NINFA** Espírito mitológico da natureza muitas vezes imaginado como uma bela mulher que vive nas selvas ou nos rios.

**NÓRDICO** Refere-se especificamente à Noruega, mas também à religião, à língua e à cultura escandinavas do período medieval.

**OUTRO MUNDO** Reino espiritual da vida após a morte.

**PADROEIRO** Indivíduo protetor ou guia para um grupo ou um lugar.

**PAGÃO** Pessoa cujas crenças religiosas não são de nenhuma das principais religiões do mundo: hinduísmo, islamismo, judaísmo, budismo e cristianismo.

**PEREGRINO** Pessoa que viaja para lugares sagrados por motivos religiosos.

**PROFECIA** Previsão do que vai acontecer no futuro.

**REBELIÃO** Ato de resistir à autoridade e ao controle insurgindo-se contra um governo ou um líder.

**REENCARNAÇÃO** Renascimento de uma alma em outro corpo.

**REVOLUÇÃO** Tentativa bem-sucedida de um grande grupo de pessoas de mudar a forma como o país é governado através da força.

**RITUAL** Cerimônia religiosa em que uma série de ações são executadas em uma determinada ordem.

**SACRIFÍCIO** Ato de matar um animal ou uma pessoa para fazer uma oferenda aos deuses e às deusas.

**SAGRADO** Aquilo que está relacionado a um deus ou a uma deusa e merece adoração.

**SANTUÁRIO** Lugar especial onde um determinado deus, deusa, santo ou espírito é lembrado, louvado ou homenageado.

**SÉCULO** Cem anos.

**SHAKTISMO** Parte do hinduísmo que celebra a deusa eterna como a fonte de toda a vida, energia e poder.

**SÍMBOLO** Algo que representa outra coisa.

**SUMÉRIA** A mais antiga civilização conhecida na Mesopotâmia, que existiu entre 4500 a.C. e 1900 a.C.

**TAOISMO** Tradição espiritual chinesa, originada por volta de 400-301 a.C., que enfatiza viver em harmonia com o "Tao", ou o universo. Os taoistas acreditam na imortalidade espiritual, ou seja, que o espírito do corpo se junta ao universo após a morte.

**TRÍADE CAPITOLINA** Grupo de três divindades cultuadas juntas em seu templo principal no Monte Capitolino, em Roma. São Júpiter, deus do céu e do trovão, Juno, rainha dos deuses, e Minerva, deusa da sabedoria.

**WICCA** Forma de paganismo moderno. Suas origens remontam às crenças e práticas religiosas pré-cristãs.

**XINTOÍSMO** Religião que se desenvolveu no Japão no século VIII d.C. Os xintoístas honram os ancestrais e os espíritos da natureza. Eles acreditam que o poder sagrado (*kami*) flui através de todas as coisas vivas e não vivas.

# ÍNDICE REMISSIVO

**A**
Afrodite 28, 41
Amaterasu 102-103
Amor e sabedoria 68-87
Anat 58-59
Animais e natureza 88-107
Aracne 37
Ariadne 36-37
Asase Yaa 38-39
Atena 10-11, 64, 65

**B**
Baba Yaga 24-25
Badb Catha 92-93
banshees 92
Bíblia 42, 49, 58, 68
Brígida 32-33
bruxas 24-25, 62-63, 75, 92
Buda 70, 80
budismo 70, 71, 79, 80, 86

**C**
caça 52, 53, 89
casamento 16
Chalchiuhtlique 30-31
Chang'e 80-81
colheita 27, 30, 45, 47
criação 23, 26, 39, 41, 42-43, 44, 45, 49, 56, 66, 76, 94, 100, 101, 104-105
cristianismo 58, 68-69

**D**
Delfos 11, 41
demônios 26-27, 48-49, 62-63, 64-65, 66, 67, 70, 85, 91, 100
Deusas africanas 12-13, 38-39, 44-45, 94-95
Deusas americanas ver Deusas indígenas Deusas mesoamericanas
Deusas asiáticas 22-23, 26-27, 34-35, 56-57, 62-63, 66-67, 70-71, 76-81, 84-87, 102-103, 106-107
Deusas astecas 30-31, 90-91
Deusas budistas 70-71, 78-79
Deusas caribenhas 18-19
Deusas celtas 20-21, 32-33, 92-93
Deusas cristãs 33, 42-43, 68-69
Deusas das ilhas do Pacífico 96-97
Deusas do Oriente Médio 8-9, 58-59, 100-101
Deusas egípcias antigas 14-15, 50-51, 72-73
Deusas europeias 20-21, 24-25, 32-33, 46-47, 54-55, 60-61, 88-89, 92-93
Deusas gregas antigas 10-11, 36-37, 40-41, 64-65, 74-75
Deusas hindus 26-27, 66-67, 76-77, 84-85
Deusas indígenas 82-83, 88-89, 98-99
Deusas inuíte 88-89
Deusas judias 48-49
Deusas mães 16-17, 36-37, 40-41, 46-47, 50
Deusas maori 104-105
Deusas mesoamericanas 30-31, 90-91
Deusas metamorfas 12, 62, 91
Deusas muçulmanas 68, 69
Deusas nórdicas 54-55, 60-61
Deusas romanas antigas 16-17, 28-29, 52-53
Deusas triplas 24, 74, 92
Deusas vodu 18-19
Diana 52-53, 75
Diwali 84
dragões 61, 71, 101
Durga 26-27, 66-67

**E**
Eneida 17
escravidão 13, 18, 39, 45, 94
estações 17, 29, 31, 76, 105
estrelas 14, 15, 23, 37, 45, 74, 76, 79
Eva 42-43
Ezili Dantò 18-19

**F**
fadas 92, 93
Freya 54-55

**G**
Gaia 40-41
Górgonas 64
Guerra de Troia 29
Guerra e morte 48-67

**H**
Hator 50, 51
Hécate 74-75
Hel 60-61
Hera 11, 16 ver também Juno
hinduísmo 26, 76-77, 84-85

**I**
iluminação 70, 79, 85
Imbolc 33
Inana 8-9, 48

Inferno 61
inverno 75
Ísis 72-73
islamismo 58, 68, 69
Itzpapalotl 90-91
Izanami 56-57

## J
Jardim do Éden 42-43, 49
Jesus 68, 69
judaísmo 48-9, 58
Juno 16-17

## K
Kali 66-67
Kuan Yin 70-71

## L
Lakshmi 84-85
Lilith 48-49
lua 15, 17, 44, 53, 76, 80, 81, 95, 103

## M
*Mabinogion, O* 20
Madona Negra 19
Mami Wata 12-13
Maria 47, 68-69
Maryam 68, 69
Mawu 44-45
Mazu 106-107
meditação 78, 79, 107
Medusa 64-65
Mokosh 46-47
Morrigan 92
morte
    Mundo Inferior 8-9, 11, 26, 40, 56-57, 59, 60-61, 62, 64, 74-75, 104

Outro Mundo 20, 39
    reino dos mortos 40, 91
    vida após a morte 30
Mulher-Aranha 98-99

## N
Nut 14-15, 72

## O
ogras 86-87
outono 27, 91
Oxum 94-95

## P
paganismo 33, 75
Pandora 43
Papatuanuku 104-105
parto 16, 17, 43, 91
Pattini 34-35
Pele 96-97
Perséfone 75
Popa Medaw 86-87
primavera 29, 32, 33, 54, 75, 77
Pte San Win 82-83

## R
Rangda 62-63
reencarnação 70, 90
Reinando e guiando 8-27
Rhiannon 20-21

## S
sacrifício 31, 37, 63, 91
Santa Brígida 33
Sarasvati 76-77
Sedna 88-89
Sekhmet 50-51
sereias 12

Shakti 26, 67
Shaktismo 26
símbolos 11, 12, 13, 15, 17, 33, 39, 45, 47, 49, 51, 54, 69, 71, 74, 77
sol 14, 15, 33, 44, 76, 102, 103

## T
Taoismo 22
Tara 78-79
tecelagem 10, 11, 23, 32, 37, 47, 98
Tiamat 100-101
Titãs 74
Tríade Capitolina 16

## V
Valquírias 54
Vênus 28-29
verão 89
Vida nova 28-47
Virgem Maria *ver* Maria
Vodu 18
vulcão 96, 97

## X
Xintoísmo 56, 102
Xiwangmu 22-23

## Y
yin e yang 22

# AGRADECIMENTOS

Obrigada a Kate Wilson, Tina García, Victoria England, Leila Mauger e Rachel Kellehar da Nosy Crow por fazerem o livro virar realidade, e a Jennie Roman por sua excelente revisão. Obrigada também aos curadores bem-informados e prestativos e à equipe editorial do British Museum por todo o trabalho duro e pelas ideias brilhantes, especialmente a Claudia Bloch, Kathleen Bloomfield, Lydia Cooper e Belinda Crerar. Vocês todos foram fantásticos.

Todas as fotografias © The Trustees of the British Museum 2022. Exceto na página 12 © INTERFOTO / Alamy Stock Photo, página 25 © rook76 / Shutterstock.com, página 29 © Cosmin Sava / Shutterstock.com, página 33 © Barry Mason / Alamy Stock Photo, página 42 © agefotostock / Alamy Stock Photo, página 47 © VAKS-Stock Agency / shutterstock.com, página 54 © Heritage Image Partnership Ltd. / Alamy Stock Photo, página 80 © Rajeswaran Komathi Ramu / Shutterstock.com, página 91 © Artokoloro / Alamy Stock Photo, página 93 © INTERFOTO / Alamy Stock Photo, página 105 © spatuletail / Shutterstock.com, página 107 © Gekko Studios / Alamy Stock Photo.